Jasper Vervaeke

Modelar
la memoria
Conversaciones con
Juan Gabriel Vásquez

(leer) otramérica

Mayo de 2025 | La Vorágine, editorial crítica

978-84-129190-4-2

Modelar la memoria.Conversaciones con Juan Gabriel Vásquez es un libro de **Jasper Vervaeke** publicado en la colección **(leer)otramérica** de la Editorial La Vorágine.
La edición de este libro ha contado con el apoyo de la **Fondation Universitaire / Universitaire Stichting de Bélgica**.

La Vorágine
Calle Cisneros, 69
39007 Santander
www.lavoragine.net/editorial/
editorial@lavoragine.net | 942 375 226

ÍNDICE

Intro | La ficción que desenreda la realidad 7

Prólogo | La novela como manera de dialogar con el mundo 15

I. Un joven escritor colombiano en Europa 19

II. *Los informantes, Historia secreta de Costaguana*
y las zonas oscuras del pasado 28

III. *El ruido de las cosas al caer* y la narcoviolencia 39

IV. *Las reputaciones* y la figura del intelectual público 47

V. *La forma de las ruinas, Canciones para el incendio* y la invocación del caos 57

VI. *Volver la vista atrás* y la lectura de la vida ajena 68

VII. *Los desacuerdos de paz, Cuaderno de septiembre*
y el peso de las palabras 78

VIII. *La traducción del mundo* y el compromiso del novelista 89

IX. *Los nombres de Feliza* y la imaginación de la muerte ajena 98

Agradecimientos 110

INTRODUCCIÓN
Ficción que desenreda la realidad

«Y sin embargo ya estábamos ahí. Durante mucho tiempo rehuimos
la historia y ésta acaba de atraparnos por fin en la palabra»

R.H. Moreno Durán, *De la Barbarie a la Imaginación*

La realidad necesita de ficción. Especialmente cuando la ficción nace del
ejercicio consciente de recordar y de imaginar. Entender las huellas del
pasado es, de alguna forma, reconstruir el difícil tejido que conforma el
presente.

Esta es la lógica de este libro de conversaciones en el que Juan
Gabriel Vásquez traza una especie de autobiografía literaria de la mano
de Jasper Vervaeke. Podríamos decir que es un libro de entrevistas,
pero es mucho más.

Navegando por estas páginas entendemos los procesos intelectuales y creativos que mueven a uno de los autores contemporáneos más
importantes de la narrativa escrita en español; nos acercamos a los
mecanismos perversos del presentismo, pero nos aferramos a la posibilidad de leer la narración del pasado desde la libertad de la imaginación y desde la rigurosidad del trabajo minucioso de un escritor que ha
madurado paso a paso, texto a texto.

Cuenta Vásquez que quizá fue R.H. Moreno-Durán el primer gran
escritor «de estatura» que conoció y en La Vorágine nos gusta esta coincidencia porque siempre hemos considerado que el autor del ensayo *De
la barbarie a la imaginación* acertaba de pleno cuando afirmaba que «[L]
a novela —acaso el género literario que más se aproxima a la función
de captar y aprehender la realidad— es, antes que todo, un instrumento
mediante el cual la palabra, tras superar el mero dato empírico de la
evidencia exterior, basta para sugerir, suscitar y comprender toda la
cosmovisión y todo un mundo que antes, y de otra forma, no nos eran
posibles». De alguna manera, Moreno Durán describe en los años 70 del
siglo XX lo que Juan Gabriel Vásquez ha acometido en pleno siglo XXI,

construir un universo narrativo que relata desde la ficción el tiempo pasado que nos ayuda a caminar en el presente y lo hace siguiendo otra conclusión del novelista y ensayista boyacense: «(...) las mismas razones que nos invitan a pensar que imaginar no es inventar, nos sugieren que imaginar es comprender».

Imaginar es comprender y cada vez que Vásquez imagina nos permite comprender desde una literatura que trasciende los tópicos del *boom* latinoamericano pero que utiliza unas lentes de distancia colombianas con las que lo universal aterriza en lo concreto, «en nuestra propia casa, del mismo modo que se da, también, en la casa de los demás», como escribiera el mexicano Leopoldo Zea.

La editorial La Vorágine abre con este libro una nueva vereda de la colección Otramérica para tratar de aproximarnos a la realidad desde las ficciones escritas por autoras y autores latinoamericanos. Y este acontecimiento —para nosotras lo es— se produce por la magia de los encuentros. El editor cántabro Jesús Ortiz nos presentó al consultor editorial y gestor cultural Martín Gómez. Martín tejió la red con Jasper Vervaeke quien, antes, había dado muchas puntadas con palabras a una relación intelectual fructífera con Juan Gabriel Vásquez. Jasper ha tenido la paciencia de quien sabe que está construyendo un relato que será fundamental en un futuro próximo para entender nuestra literatura, nuestro mundo, la voz de uno de los autores de más «estatura» que podemos leer en este momento. Ahora, este libro es publicado, prácticamente al tiempo, en Colombia —Libros Malpensante-Universidad El Bosque— y en España y parece una casualidad nada azarosa que, en nuestro caso, lo haga en una editorial que lleva por nombre el título de una de las novelas fundacionales de Colombia, el país de origen de Vásquez.

Nos recuerda Juan Gabriel Vásquez en estas conversaciones que «la ficción puede constituirse cada vez más en el lugar donde estamos en contacto con cierta verdad, que no es fáctica, sino moral y humana, pero que nos defiende de la destrucción de nuestra noción de realidad común». En La Vorágine creemos que necesitamos esa verdad «moral y humana» para rehumanizar el relato de nuestra propia historia. La realidad necesita de ficción. La realidad necesita de este tipo de ficción.

Colectivo La Vorágine
Santander, mayo de 2025

A Katharina

«Sí, lo creo: en general, un escritor no escribe sino un solo libro, aunque ese libro aparezca en muchos tomos con títulos diversos»

Gabriel García Márquez
El olor de la guayaba.
Conversaciones con Plinio Apuleyo Mendoza

La novela como manera de dialogar con el mundo

Juan Gabriel Vásquez y yo nos conocimos durante una cena en Gante, Bélgica, en la primavera de 2010. Pero la verdad es que yo a él lo había conocido tiempo antes, sin que él lo supiera, al leer los cuentos de *Los amantes de Todos los Santos*. Y él ya había interactuado conmigo. Lo digo porque quizá los actos de escribir y leer no establecen una comunicación unidireccional, sino que de alguna manera misteriosa el autor siente que está siendo leído. Me gusta creer que algo así ocurre. Me gusta pensar la escritura y la lectura como un diálogo tácito entre dos personas que en la vida real no se conocen y que con toda probabilidad nunca se conocerán.

Como sea, en nuestro caso el encuentro real sí se dio, allí en Gante, en vísperas de un coloquio de hispanistas belgas. En aquel tiempo, yo estaba empezando una investigación doctoral sobre la obra de Vásquez, y a la profesora Rita De Maeseneer —mi directora de tesis— y a mí se nos había ocurrido invitar al novelista al coloquio. Durante el encuentro Rita entrevistó a Vásquez y después transcribimos la conversación y la publicamos. A lo largo de los años siguientes Vásquez y yo continuamos conversando con la frecuencia suficiente como para que en cierto momento nos diéramos cuenta, no sin sorpresa, de que habíamos comenzado a escribir otro libro, un libro de conversaciones que había nacido como apéndice de la tesis, pero que acabó por manifestar sus aspiraciones independentistas. Y así, una vez terminada y transformada en ensayo la tesis, Vásquez y yo seguimos hablando y seguimos escribiendo, ahora sí de manera meditada, este libro de conversaciones.

La tesis de la tesis (y del ensayo en que se convirtió) es que Vásquez fue desarrollando su poética mediante una deliberada distorsión de influencias internacionales; que sus novelas, *Historia secreta de Costaguana* por delante de todas, entran conscientemente en diálogo o discusión con la tradición literaria occidental. Solo poco a poco fui descubriendo lo evidente: la noción de diálogo no solo se aplica a las relaciones que establece Vásquez con sus precursores, sino que permea toda su escritura, todo su pensamiento.

Lo dice Vásquez en estas páginas: "Creo en la novela como manera de dialogar con el mundo". Se refiere, claro, a aquel diálogo tácito y misterioso entre escritor y lector al que aludí al inicio, pero si uno mira bien, el diálogo no solo constituye el fin de sus ficciones, sino muchas veces también el principio, pues de modo muy directo y concreto, numerosas novelas suyas se originan en una conversación —con la mujer judía que sirvió de modelo para el personaje de Sara Guterman de *Los informantes*; con Sergio Cabrera, protagonista de *Volver la vista atrás*, o con Pablo Leyva, esposo de Feliza Bursztyn y testigo principal para *Los nombres de Feliza*—. Incluso cuando no nacen de un diálogo con una persona real, las novelas de Vásquez suelen poner en escena los sucesivos encuentros y desencuentros entre el narrador y el protagonista. ¿Cómo olvidar las carambolas entre Antonio Yammara y Ricardo Laverde en *El ruido de las cosas al caer*, o ese pasaje de *La forma de las ruinas* en que el *alter ego* de Vásquez, a poco de conocer a Carlos Carballo, le arroja a la cara un vaso de whisky, sin sospechar que este tipo, que en primera instancia le resulta tan repulsivo, terminará contándole una historia conmovedora sobre el Bogotazo[1]?

Solo en contados momentos los encuentros entre los personajes se reflejan en la página por medio de una larga conversación o llamada telefónica. Para Vásquez el diálogo directo no es un recurso fácil usado a diestra y siniestra, sino una de las herramientas destinadas a arrojar algo de luz sobre un pasado oscuro. No en vano la conversación entre Javier Mallarino y Samanta Leal en el centro preciso de *Las reputaciones* arranca con ella suplicándole: "Acuérdese, por favor". La importancia del encuentro y del diálogo en las novelas de Vásquez responde a la concepción ética de la escritura y lectura que defiende Martha Nussbaum en *Justicia poética*: lejos de ser un mero entretenimiento, el género de la novela nos invita a interesarnos en las vidas y verdades ajenas.

Fuera de sus ficciones, la creencia de Vásquez en el poder del diálogo se expresa de múltiples maneras, por ejemplo en su sostenida defensa

---

1 | Como Bogotazo se conoce en la historia de Colombia a lo acontecido tras el asesinato del líder político Jorge Eliécer Gaitán el 9 de abril de 1948. Tras el linchamiento y muerte del autor material del magnicidio, se dieron saqueos, choques y disturbios que hundieron a la capital de Colombia en un marasmo como antecedente de una época conocida como "La Violencia" que se extendió, como mínimo, por diez años más en todo el país. [Nota de la editorial]

de las negociaciones de paz en Colombia. Pero donde sin duda más se manifiesta es en su gusto por la conversación literaria. De ningún modo comparte el desdén de ciertos escritores por las entrevistas, las presentaciones de libros, las discusiones sobre la obra propia. Si desaprovecha pocas oportunidades de participar en ese tipo de debates no solo es porque resultan útiles en términos de autopromoción, sino por las razones propiamente literarias que invoca Javier Cercas en el prólogo de *El punto ciego*:

> Si el escritor es mínimamente honesto, este debate puede ser tanto más interesante y fructífero, para él mismo y para los demás, cuanto que nadie conoce mejor que él su propia obra; si el escritor es mínimamente serio, mínimamente ambicioso, este debate ya no será solo un debate sobre su propia literatura sino sobre la literatura con la que él dialoga de forma más o menos consciente, y que, en su caso, no puede ser solo la literatura de su propia tradición, ni la de sus contemporáneos, sino la literatura a secas.

El presente libro, sobra subrayarlo, se funda en la misma convicción. En las conversaciones que forman su base Vásquez y yo fuimos recorriendo todas las etapas de su carrera y todas las facetas de su escritura, de la ensayística y el periodismo a la cuentística y la poesía, pero el protagonismo siempre lo tenía el género de la novela.

En *El arte de la novela*, Milan Kundera —a quien, por cierto, no le gustaban para nada las entrevistas— recurre a Flaubert para definir al novelista como aquel que desea desaparecer detrás de su obra. No creo que la definición aplique tal cual a Vásquez. Se lo impiden sus tomas de posición como columnista y su frecuente presencia en eventos literarios y culturales. Pero tampoco creo que sea uno de esos novelistas que se la pasan cultivando su figura de autor o exponiendo su vida privada en la prensa o las redes sociales. Siempre ha procurado evitar que la obra desaparezca detrás del autor. Por lo mismo, en este libro la obra ocupa el centro de la atención y el novelista lleva la voz cantante. Como conversamos regularmente a lo largo de quince años, casi siempre con motivo de una publicación nueva, el orden cronológico se impuso de modo natural, y apenas tuve que modelar la memoria de Vásquez para que este libro pudiera leerse como un autorretrato del novelista o, si se quiere, como una pequeña autobiografía intelectual.

Jasper Vervaeke

I.
Un joven escritor colombiano en Europa

¿Cómo y cuándo se descubre una vocación literaria? Aunque no faltan autores que mitifican el momento en que supieron que se dedicarían a escribir —la vuelta, muchos años después, a la casa ancestral carcomida por el tiempo—, la verdad es que una vocación de novelista, en lugar de revelarse en forma de epifanía, suele resultar de una intrincada cadena de experiencias y emociones, influencias e incertidumbres. En el caso de Juan Gabriel Vásquez, una vez que su vocación se manifiesta, la persigue con una disciplina y determinación poco comunes.

Nacido el día de Año Nuevo de 1973 en Bogotá, Juan Gabriel Vásquez Velandia es un lector voraz desde joven, pero su vocación literaria recién se perfila a principios de los años noventa, durante sus estudios de derecho en la Universidad del Rosario, en la capital colombiana. A la vez que explora el centro histórico de Bogotá, donde merodean los fantasmas del país, empieza a participar —con éxito— en concursos de cuento a nivel nacional. Algunos de esos relatos primerizos terminarán transformados en su primera novela, *Persona*. Al acabar sus estudios en junio de 1996, Vásquez sale de Colombia con destino a París. El pretexto es un doctorado en literatura latinoamericana en la Sorbona; en realidad quiere dedicarse a escribir. Y así lo hace: al año siguiente publica en la editorial bogotana Magisterio la novela breve *Persona*, cuya acción transcurre en Florencia. En 1999 le sigue *Alina suplicante*, novela ambientada en París y Bogotá y publicada en Colombia por la editorial Norma.

Vásquez, sin embargo, no tarda en desencantarse, tanto de París como de sus dos primeras novelas, las cuales nunca querrá ver reeditadas. Desnortado, a principios de 1999 se instala cerca de Xhoris, una aldea de las Ardenas belgas, y es allí, en medio de los bosques, donde logra resolver varias de las dudas literarias y existenciales que lo asaltan. Al cabo de unos ocho meses en Bélgica, se casa con Mariana Montoya y, en vísperas del nuevo milenio, el joven matrimonio decide mudarse a Barcelona. En su apartamento de la Plaza Tetuán, Vásquez termina de escribir *Los amantes de Todos los Santos*, colección de cuentos inspirados en los años en Francia y Bélgica. El volumen, al que considera su primer libro maduro, sale en Colombia en 2001, en la editorial Alfaguara. Al igual que sus dos libros anteriores, *Los amantes de Todos los Santos* se centra en los conflictos íntimos —amorosos y familiares— y se caracteriza por la nula o casi nula referencia a la realidad colombiana.

¿Por qué, como joven aspirante a escritor, escogiste París como destino?

En París no solo se habían escrito varias de las grandes novelas latinoamericanas, como *La casa verde* o *Rayuela*, sino también algunas de las novelas en lengua inglesa que más me han marcado, en particular *Ulysses*, de James Joyce. La ciudad está en mi mitología personal desde que comencé a leer de manera seria e instrumental —los escritores solemos leer sobre todo lo que nos puede enseñar a resolver un problema, lo que nos puede dar una respuesta técnica—. París era un lugar de acogida de varias literaturas, entre las cuales está la generación perdida —Hemingway, Fitzgerald— y, por supuesto, la latinoamericana. De hecho, esa relación con la literatura latinoamericana se produce ya desde 1900 con la llegada de Rubén Darío a la ciudad. Luego, como es sabido, Darío entró en tensión con París: había ido allí para que ese ombligo del mundo poético le diera la carta de identidad como poeta, pero se encontró con que, por ejemplo, Valery Larbaud, en un texto muy bonito por lo demás, le recriminó que se dedicara a escribir poemas sobre los *boulevards* parisinos y no sobre lo que los europeos querían leer, la selva, la pampa, las montañas, la Latinoamérica exótica. Esta tensión entre Europa y los latinoamericanos siempre ha existido, y la viví. También viví el desencanto, y eso, unido a la sensación de estar fracasando como novelista, me llevó a irme de la ciudad. Desde entonces he tenido una reconciliación con París, porque he vuelto con frecuencia, encontrando sin problemas, ahora sí, todas esas cosas que fui buscando originalmente.

En París pusiste el punto final a tu primera novela, *Persona*. ¿Fue difícil lograr que se publicara?

Terminé la versión definitiva poco después de llegar a París, en julio o agosto de 1996. Estuve varios años trabajando en la novela, y cuando la di por terminada por primera vez la llevé a una editorial en Colombia, ya no me acuerdo cuál. Recuerdo bien esos días de cruzar Bogotá con mi manuscrito bajo el brazo, sin ayudas ni contactos, sin agente, llegando a salas de espera, recibiendo rechazos amables y volviendo a mi casa para reescribir toda la novela una y otra vez. Recuerdo la ilusión con la que corregía todo, tratando de meter en cada nueva versión lo que había aprendido desde el último rechazo. Así, finalmente, la novela fue acogida por la editorial Magisterio. La aceptaron, la volví a reescribir y se publicó en abril de 1997.

¿Qué encuentros fueron importantes en aquella época?
En 1996 conocí a R. H. Moreno-Durán, quien era uno de los escritores más importantes de su generación. Fue probablemente el primer escritor de esa estatura que conocí. Durante los diez últimos años de su vida —él murió en 2005— nos volvimos muy amigos. Luego llegué a París con un solo número de teléfono. Era el número de Santiago Gamboa. Fue la primera persona que conocí en la ciudad.

No está mal...
¡Era un privilegio! A mí me había gustado mucho la primera novela de Santiago, *Páginas de vuelta*, y él me parecía un grandísimo lector. Veía que compartía mi vocación devoradora, la idea de que esto de escribir novelas es lo más bello que hay. Lo consideré un amigo y un cómplice, a pesar de que era mayor que yo. En París me presentó al fotógrafo Daniel Mordzinski, que se volvió uno de mis grandes amigos, y en Colombia me introdujo a su editor Moisés Melo, que era el director editorial de Norma. De modo que cuando tuve el manuscrito de *Alina suplicante* se lo ofrecí a ellos. Las editoras Margarita Valencia y Ana Roda lo leyeron y lo aceptaron.

***Alina suplicante* se publicó en la primavera de 1999. Por aquellas fechas participaste también en *Líneas aéreas*, una antología de nuevos narradores latinoamericanos (entre ellos Rodrigo Fresán, Jorge Volpi, Alejandra Costamagna o Alberto Fuguet) publicada por Lengua de Trapo. Debió de haber sido motivo de alegría formar parte de tal antología a la edad de veintiséis años.**
Claro. Otra persona a la que me presentó Santiago Gamboa fue el escritor chileno Luis Sepúlveda. Sepúlveda fue muy generoso conmigo. En esa época me invitó al Salón Iberoamericano del Libro, un festival que él organizaba en Gijón con su asociación —Literastur—. Ahí me buscó uno de los editores de la antología, Eduardo Becerra. No sé si fue porque había oído hablar de mí o había leído algo mío, pero me encargó un

cuento para la antología. Le mandé "El mensajero", lo incluyó en *Líneas aéreas* y, claro, me sentí muy satisfecho.

En el mismo año de 1999 pasaste unos ocho meses en las Ardenas belgas. ¿Qué impacto tuvo en ti esa temporada, además de servirte de inspiración para los cuentos de *Los amantes de Todos los Santos*?
Ese periodo lo pasé en una casa en medio de las colinas de las Ardenas, y fue probablemente el más importante de mi vida como escritor. Llegué allí porque quería irme de París, pero no quería volver a Colombia. En un estado de absoluta desorientación personal fui acogido en Bélgica por una pareja mayor, unos muy buenos amigos. Me permitieron quedarme en su casa mientras resolvía mi situación mental. En ese lugar traté de compenetrarme lo más posible con una forma de vida muy distinta a la que yo había experimentado: salir de cacería, trabajar con caballos. Fue un entorno que me resultaba absolutamente extraño, y en el cual pude moverme con una impunidad total, pues allí no había nadie que me mirara. Fue un año de no estar en el mundo, de vivir en una utopía un poco rara. Durante este tiempo comprendí muchas cosas sobre el tipo de escritor que quería ser, sobre a quién quería parecerme. Fue un año en el 'desierto', un año para descubrirme a mí mismo.

Al cabo de la temporada belga, en el otoño de 1999, te casaste con Mariana y decidieron instalarse en Barcelona. ¿A qué se debió esa elección?
Yo seguía el rastro de los escritores cuya obra admiraba, aunque al hacerlo me ponía dificultades gratuitas. Cuando decidí salir de mi país, no fui a los lugares cuya lengua hablaba o cuya cultura había aprendido por mi educación. Al llegar a París no hablaba francés y no conocía a absolutamente nadie. Asimismo, en Barcelona solo conocía a una persona, el escritor Enrique de Hériz, que en aquel tiempo era editor de Ediciones B. Escogí esa ciudad simplemente porque quería postergar mi regreso a Colombia de la mejor manera posible. Pensé —tal vez con una noción de la vida ya más práctica— que la calidad de las editoriales y la crítica literaria sobre la literatura latinoamericana hacían de Barcelona un destino ideal para mí. Probablemente, si en los años sesenta Vargas Llosa, García Márquez, Donoso y Bryce Echenique no hubiesen escogido Barcelona sino Madrid, habría acabado en la capital. Aunque evidentemente la literatura latinoamericana ha cambiado bastante, hay muchos lugares del mundo donde se siguen exigiendo las mariposas

amarillas, las mujeres hermosas que vuelan por los aires o la novela del dictador, todos esos maravillosos hallazgos de la generación del *boom* que se convirtieron, precisamente por lo maravillosos, en clichés. Pero Barcelona no es uno de esos lugares. La lectura de la literatura latinoamericana en España, en general, y en esa ciudad en particular ha evolucionado mucho. Es un placer sentir que, con mis libros escritos en Barcelona, he podido colaborar un poco en este cambio de perspectiva de lo que es o no es, o de lo que debe ser o no ser la literatura latinoamericana.

¿Cómo fue la llegada a Barcelona?

Fue bastante difícil, pero contaba con la tremenda generosidad de Enrique de Hériz. Él se acababa de mudar a un piso de la calle Diputación, y a ese piso llegamos Mariana y yo con unas treinta cajas de libros, dos bibliotecas y tres maletas de ropa. Enrique nos hospedó en su casa mientras conseguíamos un apartamento propio. Lo acabamos encontrando a una cuadra de distancia, en la Plaza Tetuán.

¿Cómo fuiste abriéndote paso en la escena literaria de Barcelona?

Durante los primeros seis meses en Barcelona no encontré trabajo. La pasábamos mal. No teníamos ahorros, éramos estudiantes, prácticamente. Más o menos en mayo del año 2000 Mario Jursich me habló de una revista barcelonesa que se llamaba *Lateral* y me sugirió que les mandara un cuento. Para ese momento yo había escrito "El regreso" y "En el café de la République". Le llevé los dos relatos a Mihály Dés, el húngaro que dirigía la revista. Un día me llamó al móvil desde un tren y me dijo: «Me encantan tus cuentos. Voy a publicar "El regreso" en el número de verano, que es una antología de relatos. Vas a ver, te sentirás muy bien acompañado». Así fue como "El regreso" salió junto con un cuento de Roberto Bolaño, uno de Juan Villoro… En ese momento sentí que estaba llegando de verdad a Barcelona. A la vuelta del verano, Mihály me invitó a trabajar en la revista como redactor. Fue mi primer empleo en la ciudad, de medio tiempo. El trabajo en *Lateral* me permitió trabar varias amistades. Allí conocí a Ramón González Férriz, Mathias Énard, Jorge Carrión, Justin Webster… Yo, que siempre había vivido la literatura en soledad, sin interlocutores más allá de un par de amigos, ahora me sentía rodeado de una tribu. Para la persona solitaria que soy, fue un descubrimiento. Y durante mis primeros meses en la revista escribí los demás cuentos de *Los amantes de Todos los Santos*.

Los amantes de Todos los Santos apareció en Colombia en 2001, pero ya no en Norma, donde habías publicado tu libro anterior, *Alina Suplicante*, sino en Alfaguara. ¿Cómo se produjo este cambio de editorial?

En el verano de 2000 viajé a Colombia. Una noche, en casa de R. H. Moreno-Durán, conocí a Pilar Reyes, la joven editora de Alfaguara que comenzaba su carrera por esos días. Tuvimos una conexión inmediata: en sensibilidad, en gustos, en nuestra idea sobre lo que es la literatura. Yo soñaba con ver mis libros publicados en España, el país donde me había instalado, y esta editorial me ofrecía esa posibilidad. Así que le pasé mis cuentos a Pilar. Así empezó una relación que solo se ha hecho más fuerte con el tiempo.

Al mismo tiempo, en los primeros años en Barcelona, también tradujiste algunos libros.

Durante mi tiempo en *Lateral* me encargaron mi primera traducción, que fue *Hiroshima* de John Hersey. Después de dos años salí de *Lateral* y decidí que iba a buscar la manera, contra viento y marea, de no volver a pisar una oficina, de ganarme la vida desde mi casa, con mi teclado, para poder manejar mejor mi tiempo y poder escribir mi tercera novela: *Los informantes*. Una persona que me ayudó mucho en este sentido fue Pere Sureda, director de Edicions 62. Allí había montado una colección de ficción, y buscaba traductores. En esa época los colombianos necesitábamos un permiso de residencia y trabajo para poder quedarnos en España. Pero para obtener el permiso necesitábamos un contrato de trabajo, y a mí nadie quería hacérmelo. Fue Pere, y por eso tengo una deuda para toda la vida con él, quien me hizo un contrato de traductor. Eso no existe en España. En España un traductor recibe un contrato por cada traducción, pero no está en una nómina. Yo, con el contrato que me ofreció Pere, hacía traducciones hasta cubrir el sueldo mensual. Y, mientras tanto, iba escribiendo *Los informantes*. Fue una época de muchas estrecheces, pero tremendamente satisfactoria.

¿Cómo influyó en tu propia escritura tu trabajo como traductor?

La traducción es la forma más perfecta de lectura y puede muy bien ser la mejor escuela de escritura. En el contacto con un gran texto el traductor descubre cómo se hace la literatura. Incluso al traducir libros malos hay un aprendizaje formidable: es la mejor manera de reconocer los atajos, las trampas, los juegos baratos de la novela de segunda. Además, para mí la traducción es la fuente principal de esa contaminación que estoy buscando todo el tiempo como novelista. El escritor colombiano Fernando Vallejo tiene un libro poco conocido titulado *Logoi*. Es una gramática del lenguaje literario en donde demuestra, de manera muy convincente, cómo todo lenguaje literario es una fabricación que, con respecto a la lengua hablada, se comporta como una lengua extranjera. A mí siempre me ha interesado la idea de que mi lenguaje literario sea cada vez más híbrido y que admita más contaminaciones y giros extraños, intentando siempre conservar un respeto por las tradiciones de la lengua española, que también considero importante.

En la misma época, además de escribir tus propios libros y traducir los de otros, también publicabas con frecuencia reseñas en *Lateral* y en los suplementos de libros de diarios españoles. ¿Cuál es tu concepción de la crítica literaria periodística?

Creo que si se practica con cierto cariño y cierta generosidad, la reseña puede ser, muy a menudo, una obra de arte. Esto está más en la tradición anglosajona de escritores-críticos como John Updike o Martin Amis. Como dice Amis, reseñar los libros de los contemporáneos es la mejor manera de crear un buen ambiente para la recepción de la propia literatura, de sembrar un territorio donde ella tenga alguna cabida. En este sentido, a veces somos groseros proselitistas de la propia obra. Sin embargo, la reseña también es un ejercicio de altruismo y creo que por eso no la practican todos los escritores: es difícil dedicar un tiempo y una concentración sostenidos al libro de otro.

Tu trabajo como periodista también te dio la oportunidad de entrevistar a varios escritores importantes. Recuerdo una entrevista tuya con Ricardo Piglia en *Lateral*, con Javier Marías en *Letras Libres*, o esa con Jonathan Franzen en *El Malpensante*, con la que ganaste por segunda vez el Premio Nacional de Periodismo Simón Bolívar en Colombia. ¿Qué valor tienen para ti las entrevistas literarias?

Tengo toda una parte de mi biblioteca compuesta por colecciones de entrevistas con escritores: las de la *Paris Review*, las realizadas por el periodista norteamericano Lawrence Grobel, las clásicas de *Los nuestros* de Luis Harss. Es un género que como lector siempre me ha interesado muchísimo, creo que mucho más que a otros colegas. Cuando pude, empecé a practicarlo para tener de primera mano esa visión de la cabeza de un escritor al que admiraba. La de Piglia fue una de las primeras que hice en España, pero antes de eso, cuando vivía en Bélgica, ya había entrevistado a Antonio Muñoz Molina —viajé a Madrid para hacerlo— y a Graham Swift en Londres. Eran entrevistas que respondían a mi curiosidad de aprendiz de escritor. Siempre me ha interesado mucho la conversación sobre el método, los secretos de la creación, los aspectos técnicos, la poética de un novelista. Y eso era lo que estaba persiguiendo en aquellas entrevistas, pero es algo que ha cambiado con el tiempo. Ya no soy ese aprendiz voraz, ahora me interesa más bien el arte de la conversación por sí misma. Hablar de literatura con alguien tan interesado como yo en el oficio, los mecanismos ocultos, los libros de los otros, es algo que siempre me ha dado mucho placer. Por eso también acepto con frecuencia invitaciones a festivales para entrevistar a gente que no conozco y hablar sobre libros que acabo de leer. Un día tendré que recopilar mis entrevistas. Son como trescientas páginas.

Hay quienes opinan que no hay que fiarse de lo que dicen los escritores en las entrevistas, de sus juicios sobre la obra propia.
En conversación, los autores tratan todo el tiempo de razonar sobre algo que en muchos casos es irracional. Eso genera a veces exageraciones, distorsiones o mentiras que los autores se inventan para construir una especie de leyenda de sí mismos. Pero todo eso, lejos de parecerme problemático, es parte de lo que me interesa. Cuando García Márquez dice, en una entrevista, que él iba para Acapulco y se le ocurrió la primera página de *Cien años de soledad* toda perfecta, es una mentira. Pero no importa. Es una mentira fascinante que revela el temperamento del escritor. Como novelista sé cuáles son los mecanismos que intervienen en el momento de contestar preguntas. A veces quien responde es alguien que ha meditado muchísimo en su propio proceso, otras veces es una persona que no tiene una cabeza que funcione de manera teórica o abstracta y la entrevista resulta entonces ser la primera vez que trata de poner en palabras algo que es absolutamente irracional. Es un espectáculo fascinante.

Finalmente, a un nivel quizás más prosaico, vivir en Barcelona también te permitió cumplir, o al menos recordar, un sueño de juventud. En la recopilación *Cuando nunca perdíamos. 15 miradas sobre el Barça* cuentas que tu primera pasión era el fútbol y que desde niño eras aficionado al Barça. ¿Acaso existe alguna relación entre ambas pasiones, el fútbol y la literatura?

Todos los escritores aficionados al fútbol dedicamos mucho tiempo a buscar una comunicación entre ambas cosas, a tratar de justificar el fútbol con literatura. Así que uno cita a Camus, quien decía que en los terrenos del fútbol y del teatro había recibido todas las grandes lecciones de su vida. Puede ser cierto. Como me dijo una vez Javier Marías, en el fútbol hay victoria y derrota, hay angustia, hay honor y deshonra, hay impostura, traición, pero también hay esfuerzo y virtud; es decir, allí está todo lo que explora también el novelista. O uno cita a Nabokov, que en su juventud era portero —cuando no estaba atrapando mariposas, estaba atrapando balones—. Además, hay una comunicación en el otro sentido: futbolistas que han sido grandes lectores. El exfutbolista argentino Jorge Valdano es un gran lector que además escribió un par de libros fantásticos sobre fútbol. Y Josep Guardiola cuenta que cuando era capitán del Barça y el equipo llegó a la final de la Copa de Campeones, que se jugó en el estadio de Wembley en 1992 y que el Barça ganó, justo antes de salir al campo había terminado de leer *Belle du Seigneur* de Albert Cohen. Según Guardiola, haber leído esa gran novela le dio un impulso vital para salir a jugar. Todo esto puede ser falso, por supuesto: una leyenda, un fruto de mi imaginación. No me importa. Aunque esa relación entre el fútbol y la literatura siempre me ha interesado, buscarle una justificación es una pérdida de tiempo. Dice Javier Marías que el fútbol es la recuperación semanal de la infancia. Esto basta como justificación.

II.
Los informantes, Historia secreta de Costaguana y las zonas oscuras del pasado

Los informantes (2004) e *Historia secreta de Costaguana* (2007) son las dos novelas con las que Vásquez se da a conocer de verdad en el mundo de las letras hispánicas. Ambas aparecen en Colombia y España con la casa editora Alfaguara, que desde entonces se convierte en el hogar de Vásquez, y no tardan en distribuirse en otros países del mundo hispánico ni en ser traducidas a las lenguas literarias más importantes, entre ellas el francés y el inglés. Entretanto, a Vásquez lo invitan cada vez más a dar conferencias en instituciones culturales y académicas, que acaba publicando posteriormente en forma de ensayo en revistas y suplementos literarios de ambos lados del Atlántico, tales como *Letras Libres*, *El Malpensante*, *Babelia* y *Cuadernos Hispanoamericanos*. Así mismo, reúne sus ensayos en *El arte de la distorsión* (2009), cuyo título retoma del texto con el que dos años antes había ganado por primera vez el Premio Nacional de Periodismo Simón Bolívar. De hecho, entre 2007 y 2014 va granjeándose un nombre en el entorno periodístico al firmar semanalmente una columna de opinión en el periódico bogotano *El Espectador*, donde alterna los temas literarios y culturales con tomas de posición en polémicas políticas, sociales y éticas.

Los informantes y *Costaguana* marcan el giro hacia la historia colombiana. En la primera, la irrupción de un pasado silenciado desestabiliza el presente. Todo comienza en 1991, cuando el joven periodista Gabriel Santoro, narrador de la novela, acaba de publicar su primer libro, titulado *Una vida en el exilio*. Basada en las memorias de la emigrante judeo-alemana Sara Guterman, la obra evoca los años treinta y cuarenta, cuando las tensiones de la Segunda Guerra Mundial repercutieron en Colombia. Para gran sorpresa de Santoro, la crítica más mordaz a su libro viene de parte de su propio padre, que lleva el mismo nombre. Solo después de la muerte del padre, el hijo descubre por qué le molestó tanto que el libro trajera a la memoria aquellos años convulsos: de joven había tomado parte en la persecución, mediante las listas negras, de emigrantes alemanes sospechosos de tener simpatías fascistas. Culpa y perdón, confesión y silencio, verdad y mentira y memoria y olvido son oposiciones que llegan a obsesionar a Santoro hijo en una indagación familiar que es, al mismo tiempo, una búsqueda de las maneras en que se pueden contar las ambigüedades de la historia.

Historia secreta de Costaguana, por su parte, se remonta al siglo XIX para desafiar los relatos oficiales de la construcción del Canal de Panamá y la independencia del país centroamericano. La novela se erige en respuesta pícara al clásico *Nostromo* (1904) de Joseph Conrad, un autor sobre el cual Vásquez previamente había escrito una breve biografía —*Joseph Conrad. El hombre de ninguna parte* (Panamericana, 2004)—. Partiendo del hecho real de un Conrad que en Londres, en 1903, se encuentra estancado en plena escritura de *Nostromo*, Vásquez imagina que el gran escritor se ve constreñido a inspirarse del testimonio de un exiliado colombiano. El desterrado, llamado José Altamirano, le confía a Conrad su biografía, íntimamente ligada a la historia del Canal y del proceso separatista de Panamá. En *Nostromo* —conjetura Vásquez—, el escritor polaco-inglés trocó el Canal por una mina de plata, Panamá por la provincia de Sulaco y Colombia por Costaguana. Es lo que le reprocha Altamirano al personaje de Conrad tras haber leído las primeras páginas de *Nostromo*: el novelista robó y distorsionó la historia de su vida y su país. Altamirano espera hasta la muerte del gran escritor en 1924 para consumar su venganza y narrar la historia que estamos leyendo, la «verdadera» historia de su vida y patria, la historia secreta de Costaguana.

¿Cómo conseguiste que *Los informantes* se publicara no solo en Alfaguara Colombia, como *Los amantes de Todos los Santos*, sino también en España?

Cuando terminé el manuscrito, amigos más experimentados me dijeron que ya no podía permitirme seguir trabajando sin agente. Descubrí que Javier Marías, el escritor español que más me interesaba en ese momento, era representado por una agente llamada Mercedes Casanovas. Así que le presenté el manuscrito a ella. Entregué el libro a una chica jovencísima que acababa de entrar a trabajar en la agencia, María Lynch. Mi libro fue el primero que María llevó a Merecedes, y su sugerencia fue aceptada. Así empecé con ellas una relación que sigue hasta hoy, y que, al igual que mi relación con mi editora Pilar Reyes, es una de las cosas importantes de mi vida. En fin: así acabó publicándose *Los informantes* en España.

Publicar en España sigue siendo el sueño de muchos escritores y escritoras latinoamericanos. ¿Qué importancia tuvo para ti?
En cierto sentido, la publicación de *Los informantes* significó mi llegada a Barcelona propiamente. Es difícil, hoy en día, transmitir la emoción que sentí la primera vez que vi mi libro en la vitrina de una librería. Habíamos tomado unas copas con Luis Sepúlveda y Enrique de Hériz y, al pasar frente a la Librería La Central de la calle Mallorca, me di cuenta de que ahí estaba el condenado libro que tanto trabajo me había costado, mirándome desde la vitrina. No tuvimos más remedio que buscar otro bar abierto, porque Luis y Enrique no se iban a ir a dormir sin brindar por lo que acababa de pasar.

¿A partir de entonces también empezaste a frecuentar los sitios donde solía reunirse el mundillo literario?
No, realmente no. En esa época era todavía muy solitario. Pasaba el tiempo con Mariana o con amigos íntimos, iba al cine, leía como si la vida se me fuera en ello: tres o cuatro libros por semana, tratando de descubrir cuál era mi paso siguiente. Poco a poco, fui empezando a frecuentar otros lugares. Siempre me han interesado enormemente los lectores serios: la gente para la cual la lectura de ficción es su principal manera de estar en el mundo. Periodistas, colegas, críticos, traductores, editores... En ese mundo que yo iba descubriendo había gente maravillosa con la que era un placer estar un rato antes de volver a la reclusión y al trabajo.

¿Sigue existiendo la vida literaria en los bares de Barcelona, tal como la hubo en los años del *boom*?
Queda muy poco, pero Il Giardinetto es uno de esos sitios. Es un restaurante-bar que está desde los años setenta. Todavía hoy, si estoy en Barcelona de paso, voy al Giardinetto por la noche y allí siempre me topo con algún amigo.

Hablemos de la novela misma. En *Los informantes* indagas sobre las secuelas de la Segunda Guerra Mundial en la sociedad colombiana. ¿Qué te llevó a evocar ese hecho poco conocido?
Mi novela nació de una conversación casual con una mujer judeoalemana que se parece mucho al personaje de Sara Guterman en *Los informantes*. Me contó que su padre, un judío que escapó a Colombia, había estado a punto de ser recluido en un campo de confinamiento para ciudadanos enemigos por el hecho de ser alemán. O sea, que un hombre que sale

huyendo de Hitler y que se ve despojado de su ciudadanía alemana por las leyes nacionalsocialistas es perseguido en su país de destino precisamente por tener esa nacionalidad de origen. Tal paradoja me pareció el área gris, el área moral, intelectual y emocionalmente compleja que es la provincia natural del novelista. Los novelistas nos movemos dentro de esas zonas donde se contradice la noción de lo correcto y lo incorrecto, donde se pueden encontrar, de alguna manera, justificaciones para cosas que son moralmente reprobables. Entonces empecé a hacerme preguntas: ¿cómo era posible que eso hubiera sucedido en mi país? ¿Cómo fue que los colombianos heredamos ese momento histórico? ¿Cómo se reflejaba eso en la vida privada? Allí comprendí que tenía una novela entre manos, porque me estaba haciendo preguntas.

¿La publicación de Los informantes causó polémica en Colombia?
La polémica pública fue mucho menor de lo que yo esperaba, lo cual no es raro, porque en Colombia es muy grande la diferencia entre lo público y lo privado, entre lo que se dice y lo que se quiere decir realmente. En cambio, a nivel privado sí hubo reacciones. Desde luego, muchos me recriminaron por excavar cosas que ya se habían olvidado exitosamente. Por otro lado, pasó algo muy interesante: durante el proceso de escritura quise investigar, documentarme y aprovechar que todavía había testigos vivos. No obstante, aparte de esa mujer —la Sara Guterman de la novela—, que se abrió de manera muy generosa, no logré hablar con otros testigos. Una vez publicada la novela, de repente empecé a recibir ofertas para que contara otras vidas, para que escribiera Los informantes 2, 3, 4, 5... Muchas veces me ofrecían datos extraordinarios que me hubiera encantado meter en la novela, y pensé que era un desastre ese trabajo de novelista en el cual las mejores informaciones llegan precisamente cuando el libro ya está publicado. A nivel todavía más privado, en la familia de esa mujer hubo una reacción de la que me siento muy orgulloso. Antes de mi novela, ella siempre había querido hablar de ese tema a sus nietos. La lectura de Los informantes dentro de su familia causó que sus nietos llegaran con preguntas. Así, por primera vez en su vida, y gracias a mi librito, se vio en la capacidad de poder contarles su historia. Es una de las cosas más lindas que me han ocurrido como novelista.

Llama la atención la importancia de la oralidad en la novela. La palabra hablada resuena de distintas maneras, como sucede, por ejemplo, en la grabación de las entrevistas con Sara Guterman. Además,

Santoro padre es profesor de retórica y los epígrafes son de Demóstenes, el orador por excelencia. Estas formas de oralidad entran en conflicto con la escritura, simbolizada por Santoro hijo. ¿Cómo evalúas esta tensión entre escritura y oralidad?

Está en la raíz del libro. Es uno de los grandes temas que fueron surgiendo durante la escritura, porque yo no soy alguien que escoja temas de antemano. No fue para nada premeditado que el padre sea alguien que vive de la palabra hablada, cuyo mundo está hecho de formas. En cambio, el hijo escribe, es periodista, y para él cuenta sobre todo el contenido de la palabra. Alguien me hizo notar que esto también refleja la condición moral de los personajes: el padre es una persona que durante toda su vida se ha dedicado a proteger una forma para no permitir el acceso al contenido secreto de su vida. El tema de la oralidad siempre me ha interesado mucho de manera individual, pero también por mi procedencia, porque la retórica está muy presente en la tradición política colombiana. Jorge Eliécer Gaitán, cuyo asesinato en 1948 partió en dos la historia del país, era un gran orador. Sus discursos ponían a la política tradicional a temblar por lo que pudiera pasar si llegara a la presidencia. Todo tiene que ver con la idea de que la realidad y el pasado son construcciones verbales. Antes de que se introdujeran la fotografía y el cine, la palabra era la única fuente de un relativo conocimiento del pasado. *Los informantes* gira alrededor de esa cuestión, de cómo se puede modificar el pasado al narrarlo de otra manera. Los personajes se preguntan si cambiar las palabras es también revolver lo vivido, transformar las verdades. La historia que nos llega suele ser la que han querido contarnos quienes tuvieron el poder de contarla en su momento. Una de las posibles labores del novelista es tratar de narrar la otra historia, la que no nos ha llegado… contar, como dice Carlos Fuentes, no solo lo que pasó, sino lo que hubiera podido pasar.

En *Historia secreta de Costaguana* también te opones, por así decirlo, a la historia oficial, esta vez para abordar el proceso de independencia de Panamá, estrechamente relacionado con la construcción del Canal. ¿En qué sentido la perspectiva histórica de *Costaguana* difiere de la escogida para *Los informantes*?

Es totalmente distinta. Para mí, *Los informantes* no trata tanto sobre la Historia, sino sobre el pasado: en esa novela no me interesaba la gran reflexión alrededor del proceso histórico de mi país, sino ese cruce de caminos, ese *carrefour* entre la Historia con mayúscula y las pequeñas historias privadas de los personajes. Me preguntaba cómo los acontecimientos públicos siempre se las arreglan para invadir nuestras vidas, para meterse en nuestro cuarto y cama y condicionar de alguna manera lo que hacemos. Allí mismo intervino otro de mis grandes temas, la memoria: ¿hay que recordar o no un pasado conflictivo? ¿De qué forma nos ayudaría eso? ¿Qué riesgos corremos cuando, para sentirnos mejor y para mantener un cierto estado de equilibrio en la sociedad, decidimos voluntariamente obliterar el pasado, no contarlo, no revivirlo? ¿Y qué pasa cuando otros tratan de sacarlo a la luz? A mi juicio, todo eso no tiene tanto que ver con la Historia como con el pasado, que entiendo como la versión íntima, personal, de los hechos públicos. No es sino un paso mínimo al lado de la Historia.

Y en *Costaguana*, en cambio, sí te enfrentas a la Historia con mayúscula.
Sí. La novela recupera de una manera mucho más literal el mismo debate sobre los parecidos y diferencias entre la narración que recibimos y la verdad de los hechos, sobre cómo la construcción que conocemos como "historia" no es más que una de las posibles versiones. *Costaguana* juega a cosas que en *Los informantes* no serían permisibles: a distorsionar, a decir francas mentiras históricas. Así aparece un presidente colombiano, José Vicente Concha, que murió en Roma en los años veinte y que había negociado el tratado del Canal de Panamá. En mi novela él muere justo después de las negociaciones, porque me interesaba la metáfora de que todo el que entre en contacto con el tratado tiene un destino desgraciado. Por eso, mi presidente José Vicente Concha fallece en 1904-1905, mientras que en la vida real muere veinte años después. Ninguno de sus nietos me escribió para protestar, pero sí hubo historiadores que me denunciaron por falta de rigor. Opino que todo esto forma parte de las libertades sagradas del novelista. Creo mucho en que, como escribe Milan Kundera en *El arte de la novela*, la única razón de ser de la novela es decir lo que solo la novela puede decir. No tendría ningún sentido repetir lo que ya sabemos por la historiografía, y una de las maneras de enriquecer la historia conocida es distorsionándola. Evidentemente no soy el primero en hacer eso. Ya lo habían hecho Salman Rushdie y Carlos Fuentes. *Terra Nostra*[2], por

---

2 | Carlos Fuentes publicó *Terra Nostra* en 1975 y con ella ganó el Premio Rómulo Gallegos dos años después. [Nota de la editorial]

ejemplo, es una gran distorsión, y los historiadores también le escribieron a Fuentes diciéndole: «Felipe IV no vivía en esta época».

Gran parte de la novela se sitúa en el puerto panameño de Colón, al que describes de manera detallada, insistiendo en el calor sofocante, tildando a la ciudad de esquizofrénica e incluso llamándola Gomorra. ¿Cómo creaste esa imagen tan fuerte? ¿Te basaste en fuentes o también visitaste la ciudad?

Nunca he estado en Colón. Es una ficción absoluta que, desde luego, tiene sus fuentes. A diferencia de *Los informantes*, que está ubicada en escenarios que conozco y parte de situaciones vitales experimentadas, *Costaguana* es una gran especulación. Hay mucha gente que se decepciona cuando, después de leer una gran novela sobre, por ejemplo, la India, descubre que el autor nunca ha estado allí. En cambio, yo creo que la belleza del arte de la novela radica precisamente en que permite tales artificios.

José Altamirano, narrador de *Costaguana*, dice: "Colombia es una obra en cinco actos que alguien trató de escribir en versos clásicos, pero que resultó compuesta en prosa grosera, representada por actores de ademanes exagerados y pésima dicción". Por supuesto, se trata de una voz ficticia, aunque es obvio que la relación conflictiva con el pasado y presente colombianos adquirió protagonismo en tu obra a partir de *Los informantes* y *Costaguana*. ¿A qué se debe ese giro hacia la realidad colombiana?

No creo que ningún novelista escriba si no tiene una relación difícil con su país, su momento, su familia o su visión del mundo, o con todo al mismo tiempo. Escribimos porque la realidad nos parece imperfecta, dolorosa, problemática o incomprensible. La escritura de ficción es un intento de remediarlo o de explorar por qué no sabemos lo que no sabemos, aunque no lleguemos a ninguna conclusión. Colombia ha sido eso para mí: un territorio oscuro cuya historia y sociedad actual no entiendo y me duele. Durante mucho tiempo fue un obstáculo: había crecido dentro de una tradición anglosajona y, probablemente, hemingwayana, en la que uno solo puede escribir sobre lo que conoce y domina. Por eso mis dos primeras novelas no suceden en Colombia y los cuentos de *Los amantes de Todos los Santos* ocurren en Francia y Bélgica, lugares que descubrí con ojos de escritor. Fue solo en determinado momento, ya en Barcelona, cuando me di cuenta de que las novelas que me interesan no son las que conocen su materia, sino las que son escritas como mecanismo de indagación. Todos sabemos que las grandes novelas nunca han dado respuestas: se contentan con hacer las preguntas más interesantes. Los novelistas que más admiro escriben para avanzar hacia la luz, para descubrir por qué algo que antes era oscuro sigue siendo oscuro. En ese sentido hay que leer a Conrad, Naipaul, Vargas Llosa, Roth, Sebald... Son escritores que averiguan en el proceso de escribir. Cuando descubrí esto, comprendí cómo podía escribir sobre mi país. Y desde entonces no he hecho cosa distinta, porque Colombia es mi obsesión.

Entre líneas, *Los informantes* y *Costaguana* también cuentan, mientras lo inventan, su propio proceso de creación. Son novelas que reflexionan sobre el arte de narrar y que entran en diálogo y discusión con la tradición literaria. La misma reflexión encuentra una prolongación explícita en tus ensayos. ¿Cómo ves la interacción entre esas dos formas de escritura, la ensayística y la novelística?
Ante todo, los ensayos recogidos en *El arte de la distorsión* son una confesión de incertidumbre. Al igual que en mis novelas, en mis ensayos escribo sobre lo que desconozco, sobre las dudas que tengo. Y, como sospecho que le sucede a todo novelista, mis dudas sobre el arte de la novela son cada vez mayores: ¿por qué escribimos novelas? ¿Para qué las leemos? ¿Cuál es el lugar de esta actividad tan misteriosa que consiste en preocuparse por el destino de gente que nunca ha existido? ¿Cómo se construyen estos universos, cómo funciona este proceso de crear algo de la nada, como decía Faulkner en su discurso del Premio Nobel? Con la probable excepción de la física nuclear, escribir una novela de verdad —no una de esas novelas formulaicas que se hacen por razones económicas— me parece una de las cosas más difíciles que puede hacer un ser humano.

A la vez, en tus ensayos te vas rodeando de tu familia literaria.
Sí, pero desde un punto de tensión. No escribo sobre los autores con quienes la conexión es obvia. Por eso, en *El arte de la distorsión* no hay ningún ensayo sobre Joyce, Vargas Llosa, Borges, Flaubert, Camus. Mis ensayos incluyen a familiares con quienes mantengo una relación de tensión. Un poco como ese tío incómodo con el que nos topamos en todas las reuniones: preferiríamos no encontrarlo, pero allí está siempre, y por eso nos preguntamos: ¿qué es lo que nos une? Por ejemplo,

todavía no tengo claro qué es lo que me une a García Márquez, pero he intentado explorar qué es lo que nos separa. He tratado de leerlo de una manera novedosa en uno de los ensayos, titulado "Malentendidos alrededor de García Márquez". Ahora, en *El arte de la distorsión* también están dos escritores que me han marcado de manera muy radical y concreta: Philip Roth y W. G. Sebald. Son novelistas que, cada uno en su momento, me han abierto un camino antes desconocido. Tal vez el lector tiene mucho más claras las razones por las que un autor escribe sobre otro. Los escritores no solemos saber muy bien por qué 'ensayamos'. Porque de eso se trata: tantear, penetrar a ciegas en el cuarto oscuro de un novelista que admiramos y buscar una manera de salir de allí sin demasiado daño.

Tanto en tus novelas como en tus ensayos y entrevistas encontramos muchas referencias a los clásicos de la literatura. ¿Crees en la necesidad de un canon literario?
Nunca he tenido confianza en el canon como idea excluyente. Me siento más a gusto con el concepto de tradición, pero eso no quiere decir que no crea en las jerarquías. Al contrario de mucha crítica, pienso que hay novelas más importantes que otras. Sin embargo, lo lindo de la tradición es que se forma no solo con el canon, sino también por oposición al mismo. Muchos de los grandes novelistas surgen bajo la etiqueta de lo que Vila-Matas llama «escritores raros». Si hoy en América Latina uno no puede hablar de tradición sin mencionar a García Márquez, Fuentes, Vargas Llosa y Cortázar, tampoco puede hablar de tradición latinoamericana sin Felisberto Hernández, Roberto Arlt, Lezama Lima, Manuel Puig, que son escritores que siempre estuvieron en tensión con los grandes escritores de su tiempo pero que no por ello dejaron de hacer escuela. Cuando hablamos de tradición se permite esto. Cuando hablamos de canon no, es una idea limitante, contraria al espíritu de la literatura.

Para referirte a tu situación de escritor latinoamericano residente en el extranjero, en *El arte de la distorsión* propones la noción de «literatura de inquilinos». ¿De dónde vino la voluntad de introducir un término distinto para hablar de la expatriación?
La idea surgió por mi cansancio ante otros conceptos usados en nuestros países para definir a los que escriben desde fuera. Los latinoamericanos hemos tenido que enfrentarnos con frecuencia a la idea de la literatura

del exilio o de la diáspora. Ambas son palabras con unas connotaciones que me incomodan mucho. Yo no era un exiliado político, podía volver a mi país cada vez que quería. De hecho, me alimentaba de ese contacto anual con Colombia para escribir mis ficciones. Cargar con esa definición de literatura del exilio me parecía robar algo que no me pertenecía, porque tengo amigos, compañeros novelistas, que sí están en la situación de no poder volver a sus países. En una búsqueda para hablar de la experiencia del escritor expatriado me encontré con que V. S. Naipaul había usado el arcaísmo inglés *inquiline*. Tiene varias definiciones, pero algunos diccionarios incluyen una que es muy simple: «El animal que vive en el hogar de otro». Eso era yo: alguien que, por razones de conveniencia intelectual, emocional, moral, había decidido establecer una distancia con el lugar de origen, con el hogar, la única certeza, como dice el poema de T. S. Eliot. Mi idea era que estando fuera de mi país la escritura se haría realidad con menos resistencias y mayores elementos de juicio, y aprovechando una mayor contaminación. Desde luego, esto es algo que no nos hemos inventado ni yo ni mi generación, tampoco los del *boom*, que eran todos novelistas expatriados: Cortázar, García Márquez, Vargas Llosa y Fuentes escribieron sus grandes novelas fuera de sus países. Quizás está en la raíz de una cierta metafísica del escritor latinoamericano.

Pero tu contaminación es menor a la de otro expatriado y ejemplo tuyo, Joseph Conrad, quien decidió escribir en inglés en vez de su polaco materno.
La lengua literaria de Conrad es muy rara. Era polaco de nacimiento. El segundo idioma que aprendió fue el francés. Recién aprendió inglés pasada la adolescencia, de manera que esa lengua literaria, en la que tenemos maravillas como *Bajo la mirada de Occidente* o *El corazón de las tinieblas*, era el tercer idioma de un marinero. Él mismo tenía incontables dudas gramaticales, lexicales y ortográficas al momento de escribir su lengua literaria, pero consiguió con ella una de las más grandes prosas de su tiempo. Tiene mucho que ver con la base previa que tenía del polaco y del francés, y que traía a su lengua literaria una riqueza nueva, que nunca se había escuchado en las letras inglesas. En mis libros la contaminación pasa por otras partes. Es simplemente un contacto sostenido con los ritmos, las estrategias, la musicalidad del inglés y del francés, que son los otros idiomas en los que me muevo literariamente. Los libros son como maletas en las que uno va metiendo

lo que encuentra en el curso de sus viajes. Creo mucho en la contaminación de las tradiciones. Hasta mediados del siglo pasado el *establishment* literario latinoamericano estuvo convencido de que la tradición latinoamericana era hispánica y que no había que salirse de allí, so pena de muerte. Y entonces aparecieron esos locos, un poco apátridas y desarraigados, al menos desde un punto de vista literario, que eran Borges y Onetti. Ellos abrieron una puertita por la que después entraron los salvajes del *boom* a escribir novelas cuya influencia ya no era Azorín ni Pérez Galdós, sino Faulkner, Hemingway o Woolf. De alguna manera yo soy el producto de eso. Es decir que la culpa la tienen otros.

Otra vertiente de la escritura que empezaste a practicar en la época de *Costaguana* fue la columna periodística. ¿Cómo concibes ese género

Las columnas me permiten tratar cosas de las que no se ocupa mi ficción, y así contribuir, de alguna manera, al debate político en Colombia. Intercalo entre las columnas políticas y las columnas sobre cultura, en las que hablo de libros que en Colombia no se conocen. En el aspecto político, el trabajo del columnista es absolutamente distinto a la labor del novelista. El novelista escribe para averiguar desde la ignorancia. Un columnista, en cambio, escribe porque cree que sabe algo y quiere compartirlo. Sentir una vez por semana que sé algo es muy agradable, es el único momento de certidumbre que tengo. En este aspecto, estar fuera era un hándicap muy brutal porque no disponía de toda la información necesaria. Por otra parte, el gran columnista colombiano Antonio Caballero, una especie de conciencia moral del país, vivió en Madrid veinte años, y durante ese tiempo nadie estaba tan enterado de la política bogotana como él. Así que, pese a las dificultades, no es imposible. Además, creo que todas las sociedades tienen una cierta inercia del pensamiento que arrastra a la gente de dentro. Un novelista norteamericano que admiro mucho, E. L. Doctorow, dice que EEUU es una sociedad ideológica, pero que los que están adentro no se dan cuenta porque todos comparten la misma ideología. Se puede aplicar a los demás países también: existe un pensamiento predominante, y siempre es necesario alguien que esté fuera y que lleve la contraria, aunque se equivoque.

III.
El ruido de las cosas al caer y la narcoviolencia

El 21 de marzo de 2011 Juan Gabriel Vásquez recibe una noticia que lo cambiaría todo: su obra inédita, *El ruido de las cosas al caer*, acaba de ser galardonada con el XIV Premio Alfaguara de Novela. Este galardón, uno de los mejor remunerados del mundo hispanohablante, viene a modificar, acaso para siempre, las circunstancias de trabajo de Vásquez, pues le permitirá concentrarse en sus proyectos de escritura sin mayor preocupación económica, a la vez que le asegurará una poderosa atención mediática —en primer lugar, para *El ruido de las cosas al caer*, pero también para las novelas siguientes—. Así, en el año que sigue a la premiación y publicación de la obra, Vásquez da cientos de entrevistas en periódicos y canales de televisión del panorama hispánico, lee reseñas laudatorias de su novela en los principales suplementos de libros de España y América Latina, y acepta incontables invitaciones de parte de festivales literarios e instituciones académicas, culturales y diplomáticas.

Más que nada, el Premio Alfaguara significa el primer reconocimiento importante de su talento como novelista, un reconocimiento que no tarda en ser replicado en los países donde *El ruido de las cosas al caer* se va traduciendo a distintas lenguas: entre otros galardones prestigiosos, Vásquez recibe el Prix Roger-Caillois (Francia, 2012), el Premio Gregor von Rezzori (Italia, 2013) y el International IMPAC Dublin Literary Award (Irlanda, 2014).

En términos temáticos, Vásquez ajusta cuentas en *El ruido de las cosas al caer* con el narcoterrorismo de finales del siglo veinte o, mejor dicho, con la manera en que esa lacra social secuestró las conciencias, nervios y emociones de los colombianos. En la novela, el narrador Antonio Yammara recuerda cómo un encuentro casual cambiaría su vida para siempre: a mediados de los años noventa conoció, en un billar de la calle 14 de Bogotá, al piloto y exconvicto Ricardo Laverde. Yammara era un joven profesor de derecho a punto de ser padre, pero su incipiente felicidad familiar se perturbó al verse involucrado en un atentado contra Laverde. Muerto Laverde, Yammara se convenció de que solo elucidando el pasado de su misterioso amigo lograría volver a encarrillar su propia vida. En realidad ocurrió al revés: mientras más escarbaba en el pasado, investigación que lo llevó a los albores del tráfico de la marihuana y la cocaína, más comprometía su presente. En definitiva, *El ruido de las cosas al caer* marca la maduración de la voz de Vásquez, de su poética propia, que los lectores, a partir de esa obra en adelante, reconocerían a las pocas páginas.

A primera vista, al leer los párrafos iniciales de *El ruido de las cosas al caer*, llama la atención su continuidad con las dos novelas anteriores, *Los informantes* y *Costaguana*. Me refiero a que las tres novelas se proponen iluminar momentos oscuros de la historia colombiana. Las tres novelas tienen en común una obsesión que me va a acompañar siempre: la obsesión por la memoria, por el hecho de recordar. Si Colombia es un país desmemoriado, muchas veces se debe a que su presente es tan urgente que no nos da tiempo de concentrarnos en comprender el pasado. La urgencia del nuevo problema social, del nuevo escándalo político, de la nueva crisis, tiene como consecuencia eliminar el espacio de atención que necesitamos para fijarnos en el pasado, que es donde están las claves de lo que pasa ahora. Las novelas permiten abrir ese lugar en el que uno se puede fijar, durante un tiempo sostenido, en asuntos para los que la vida presente no da tiempo. Siempre he sentido que recordar es un acto moral. La novela como género me interesa sobre todo por lo que tiene de resistencia contra el olvido. Carlos Fuentes dice que no hay futuro vivo con un pasado muerto, y yo también creo que las novelas tratan de mantener vivo el pasado, justamente con el objetivo de que podamos mirar hacia adelante después.

Sin embargo, si se mira bien, a nivel de poética, *El ruido de las cosas al caer* rompe con las novelas anteriores. Así, por ejemplo, más que en una investigación histórica, el libro parece basarse en una investigación íntima, personal. Es cierto que mientras *Los informantes* y *Costaguana* tratan de arrojar luz sobre momentos anteriores a mi nacimiento, momentos que yo no pude haber conocido, *El ruido de las cosas al caer*, en cambio, explota mis memorias privadas, mis recuerdos de lo que fue crecer en la Bogotá de los años del narcoterrorismo. Crecer con las bombas, crecer con los "magnicidios" —que es como la prensa llamaba a los asesinatos de políticos y otras figuras importantes de la vida pública colombiana—, crecer con esa especie de contaminación a la que nos sometió el fenómeno del narcotráfico fue algo que marcó mi vida y la de toda una generación en Colombia. Sobre esto hay mucha información disponible: uno puede ir a YouTube y ver el video del asesinato de Luis Carlos Galán en 1989; en las hemerotecas colombianas se pueden encontrar fotos de las bombas de Pablo Escobar o el número de víctimas que produjo una cierta bomba en un avión. Pero mi preocupación era que nada de esto nos habla del impacto que esta época tuvo en nuestras vidas internas, nuestras vidas emocionales, morales. Eso no está documentado: un historiógrafo, o un periodista, no tiene acceso a las emociones, al trastorno moral que un determinado suceso significó para los que lo vivieron. El novelista, en cambio, es un historiador de las emociones, puede crear un espacio donde existen sentimientos de los que nadie más tiene prueba. Y para el caso de *El ruido de las cosas al caer* mucho de eso se relacionaba con mi biografía, mi memoria. El narrador de la novela comparte ciertos rasgos banales de mi vida, pero más allá de eso no somos iguales, porque a él le pasan una serie de cosas que a mí nunca me han pasado. Por eso, cuando a mí me preguntan —y espero no estar adelantándome a una de tus preguntas— si la novela es autobiográfica...

No, no me parece una pregunta pertinente...
Bueno, me preguntan eso con cierta frecuencia, y mi respuesta siempre es: sí, es una novela autobiográfica, pero no porque esté basada en cosas que me pasaron, sino porque está basada en cosas que yo no quería que me pasaran. Es decir, no está construida con mis experiencias, sino con mis miedos, y creo que las ansiedades y los miedos son tan autobiográficos como la experiencia misma.

Otra diferencia con las novelas anteriores es la presencia de la poesía: mientras que en *Los informantes* y *Costaguana* prevalecía el diálogo con otros textos narrativos, en *El ruido de las cosas al caer* se destacan las referencias poéticas. Citas versos de José Asunción Silva, de Aurelio Arturo...
Hay un tercer poeta colombiano que no está citado con su nombre, ni siquiera en cursiva, sino mezclado con un párrafo: León de Greiff, que en términos de reputación se sitúa más o menos entre Aurelio Arturo y José Asunción Silva. Siempre he sido un buen lector de poesía, aunque mi cultura poética no es muy extensa: creo que conocer a un poeta es ser

capaz de recitarlo de memoria, y eso me ocurre con unos diez poetas, no más. Pero ese conocimiento es muy intenso. Tengo una concepción poética de la escritura de novelas. Para mí, el valor supremo de un párrafo radica en cómo suena. La manera en que suena la prosa es lo que me dicta lo que pasa en la novela. El valor supremo es la eufonía. Por eso, si en la traducción hay que cortarle una mano a un personaje para que la frase suene mejor, mis traductores tienen todo el derecho de hacerlo. Esa pasión por los ritmos del lenguaje, por la palabra justa, que es el criterio con el que trabaja el poeta, está muy presente en la novela.

Sí, y se ve desde el título...
El escritor colombiano Héctor Abad Faciolince fue el primero en notar que el título *El ruido de las cosas al caer* es un verso endecasílabo. Y esto no es banal. Las lenguas tienen ritmos que les son naturales, y su poesía clásica generalmente está escrita en esos ritmos. El ritmo clásico del drama francés, en el que escribían Racine y Corneille, es el verso alejandrino. Shakespeare escribía en pentámetros yámbicos, que son cinco unidades de dos sílabas, una corta y una larga. Tú oyes el primer verso de *Ricardo III* —«This is the winter of our discontent»— y sientes de inmediato que el verso respira con la naturalidad de la lengua inglesa, o que el actor respira con naturalidad y sin imposturas. En español nuestras medidas naturales son el octosílabo y el endecasílabo, y por eso no es gratuito que el título sea un endecasílabo. *Historia secreta de Costaguana* es otro endecasílabo. Si a uno le preocupa la escritura de ficción con los criterios de un poeta, inevitablemente acaba entrando en esas obsesiones.

En *El ruido de las cosas al caer* te encaras, ahora sí de frente, con la problemática que parece constituir el hilo conductor de la narrativa colombiana moderna: la violencia. En este sentido, las primeras palabras de *La vorágine* (1924) de José Eustasio Rivera —«Antes que me hubiera apasionado por mujer alguna, jugué mi corazón al azar y me lo ganó la violencia»— resultaron proféticas para el rumbo que tomaría la novela colombiana en el siglo veinte y aun el veintiuno.
La violencia obsesiona a los escritores colombianos. En la tradición occidental, el género de la novela casi siempre ha sido una respuesta a los conflictos sociales. La novela colombiana siempre ha respondido a la violencia colombiana. Lo que sucede es que no siempre los novelistas han sabido hacerlo. Eso lo explica muy bien García Márquez en su artículo temprano "Dos o tres cosas sobre la novela de La Violencia",

en el que critica a los novelistas del período de La Violencia, quienes se precipitaron a escribir sobre ese tema. Dice García Márquez que no se tomaron el tiempo de aprender a escribir novelas y que lo que terminaron haciendo fue una mera reproducción muy literal, muy sensacionalista, de los hechos, y fracasaron. Eso terminó siendo una gran lección para las generaciones posteriores. García Márquez nos enseñó que, para hablar de la violencia desde la novela, uno de los primeros mandamientos es no hablar de ella directamente: la literatura entra siempre por una puerta lateral, tiene una mirada sesgada que distorsiona la realidad, y no nos entrega lo que ya podemos encontrar en los noticieros de televisión o en los periódicos. Si la literatura no puede darle al lector algo que no puede encontrar en otra parte, no vale la pena.

Algunos de los ejemplos más sonados de las últimas décadas de este tipo de literatura serían _La virgen de los sicarios_ (1994) de Fernando Vallejo, obra cúspide de la llamada novela sicaresca, _El olvido que seremos_ (2006) de Héctor Abad Faciolince y _Los ejércitos_ (2007) de Evelio Rosero. ¿Dónde ubicas tu propia novela en esta tradición?
La virgen de los sicarios es una extraordinaria novela, no por lo que cuenta, sino por la voz del narrador, que es una voz absolutamente fascinante y absolutamente nueva en la literatura colombiana; una voz que estiliza la violencia. Lo que _La virgen de los sicarios_ nos cuenta no lo podemos encontrar en los periódicos. Héctor Abad Faciolince hace lo mismo, aunque no es ficción lo que escribe, y también lo hace Evelio Rosero, con una influencia muy notoria de Rulfo, pero echando mano además de otros recursos típicos de la novelística de su generación. He notado que varias novelas de los latinoamericanos nacidos alrededor de los cincuenta —Evelio Rosero, Horacio Castellanos Moya, Rodrigo Rey Rosa, Laura Restrepo— se enfrentan a la temática de la violencia por medio de la figura de la locura. Sus personajes enloquecen por lo que ven, y eso les permite dar dos pasos a un lado y contar todo con ojos nuevos, con una voz original, y no reproducir la realidad literal que todos conocemos. Mi novela trata de hacer lo mismo. Mi personaje no está loco, pero la novela intenta crear lo que antes no estaba allí, mediante una mirada intimista, personal y memoriosa sobre hechos públicamente notorios.

¿Una novela puede tener algún impacto sobre una problemática como la narcoviolencia?

No pretendo dar soluciones al gravísimo problema del narcotráfico. La literatura no tiene el poder de cambiar nada. Pero sí tiene el poder de afectar nuestras conciencias, nuestra comprensión del mundo. No desearía que fuera más allá. William Faulkner decía que la literatura es como un fósforo que uno enciende en un campo oscuro. Allí un fósforo no sirve para iluminar nada, pero sí para que nos demos cuenta de cuánta oscuridad hay.

A la hora de escribir *El ruido de las cosas al caer* ya eras un autor reconocido, tanto dentro como fuera del ámbito hispánico. Hasta el propio Carlos Fuentes dedicó algunas páginas de su ensayo *La gran novela latinoamericana* (2011) a *Los informantes* y *Costaguana*.

Que yo haya podido hablar con Fuentes y Vargas Llosa, que yo hubiera podido, teóricamente al menos, encontrarme con García Márquez, es como si un escritor francés del siglo XXI pudiera ir por la calle y hablar con Victor Hugo o Flaubert. Saber que estos escritores, mis clásicos personales, autores de los libros con los que yo crecí como lector, estaban leyendo mis libros, fue una gran satisfacción.

Bueno, me pregunto hasta qué punto ese reconocimiento internacional influyó en la escritura de *El ruido de las cosas al caer*. ¿Tomaste en cuenta algún público más amplio o incluso internacional?

No, no tengo en mente ningún público. Es algo tan abstracto que incluso ese mismo público imaginario puede llegar a ser una especie de tirano para un novelista. No soy un novelista que escribe para sí mismo; escribo con la idea de que las novelas son cartas muy sofisticadas que uno manda a sus lectores. Cuando escribo tengo en mente a un lector que comparte mis preocupaciones literarias, morales, históricas y sociales; ese lector que se parece mucho a mí pero que, al mismo tiempo, es alguien a quien no conozco y con quien trato de establecer una comunicación. Quizás porque yo leo así. Cuando leo a mis grandes muertos —Conrad, Tolstói, Proust— siento que el mayor privilegio de un lector de novelas consiste en estar pasando un tiempo muy concentrado con una conciencia superior, es decir, con alguien que está más consciente del mundo: un gran novelista es alguien que se da cuenta de más cosas. Tolstói tiene muchos momentos en los que, mediante una descripción de un detalle, nos hace darnos cuenta de una emoción humana que nunca habíamos conocido, o que conocíamos sin saber que lo hacíamos. Es lo que según Javier Marías hacen los grandes novelistas: no generan conocimiento, sino reconocimiento. Vamos pasando por sus páginas y de repente nos decimos: carajo, yo sabía esto, pero no sabía que lo sabía.

Al reconocimiento que obtuviste con *Los informantes* y *Costaguana* vino a sumarse, con *El ruido de las cosas al caer*, algo que podríamos llamar éxito. Ganar el Premio Alfaguara implicó un año lleno de viajes, entrevistas y conferencias. ¿Cómo evalúas aquel año durante el cual estuviste constantemente en el punto de mira?

Seiscientas entrevistas sobre el mismo libro son demasiadas. El Premio Alfaguara tiene una bendición que al mismo tiempo es una tortura: la obligación de presentar el libro en todos los países de habla hispana. Para un viajero impenitente como yo esto es fantástico, me permitió conocer países a los que sin un pretexto claro probablemente nunca habría ido. Hoy en día dialogar con los lectores, ir a encuentros literarios y conocer gente forma parte de la vida de un novelista, y me gusta, pero después de una serie de esas actividades siento una necesidad muy intensa de soledad, de volver a encerrarme. Por otra parte, trabajo muy bien en los aviones y en los hoteles, en esos lugares que a tantos escritores les generan alergias. Mis libros necesitan un periodo de decantación muy largo. El tiempo que pasa entre el primer pálpito, como decía Nabokov, y el comienzo de la escritura es muy largo. Eso es lo que hago en el avión: tomar notas, imaginar, leer. Un vuelo transatlántico es un espacio de lectura que ya nadie tiene. Son ocho horas sin interrupción, un tiempo que todo lector serio agradece. Tener un vuelo de ida y vuelta de dieciséis horas es una especie de beca de lectura.

Al cabo de aquel año ajetreado volviste a instalarte en Colombia, ahora con tu familia. ¿Qué consecuencias tuvo ese regreso, tras dieciséis años de vivir en Europa, para tu trabajo de escritor?

No regresé a Colombia por razones literarias, aunque una vez tomada la decisión me di cuenta inmediatamente de que, tal como todo en mi vida, ese tenía que ser el pretexto para escribir una novela que llevaba cazando varios años, y que sería *La forma de las ruinas*. Por primera vez iba a ser una novela en la cual la investigación documental no sería un dolor de cabeza. Escribir desde Barcelona sobre la Colombia del siglo XIX o de los años cuarenta fue difícil. A mí no me interesa lo que se puede encontrar en internet; lo que me importa es darles a los lectores cosas que no hallen en ninguna otra parte que no sea en mi novela. Eso requiere una investigación de material de archivos, y en su momento me obligaba a suspender la escritura de mis novelas hasta volver a ir a Colombia, o hasta pedirle a alguien que me consiguiera un dato ridículo que solo estaba en una polvorienta biblioteca del centro bogotano. Todo eso se simplificó gracias al regreso. Por lo demás, yo también me preguntaba con curiosidad genuina cómo me iba a afectar el hecho de volver, porque siempre había sostenido que la distancia me había beneficiado mucho, que gracias a ella había aprendido cómo se escribe sobre mi país. La distancia genera una cierta impunidad. No me interesa sentirme completamente cómodo, completamente en poder del lugar. Me gusta la sensación de extrañeza. Pero tras dieciséis años de vivir fuera, Bogotá también se había vuelto una ciudad extraña para mí. Al regresar sentí esa tensión, y supe que todas esas sensaciones también se transformarían en literatura.

IV.
Las reputaciones y la figura
del intelectual público

En agosto de 2012 Juan Gabriel Vásquez se muda con su familia a su ciudad natal, Bogotá. Los dieciséis años en Europa, y en particular los trece en Barcelona —ciudad que mantiene su fama de capital literaria del mundo hispánico—, le han bastado para ganarse una sólida reputación literaria. Los lazos transatlánticos son estrechos, y Vásquez seguirá aprovechando las oportunidades de viajar a Europa o Estados Unidos, ya sea para estancias de escritura o para dar conferencias y promocionar sus libros. Así es como le pone el punto final al manuscrito de *Las reputaciones*, durante una residencia en la Universidad de Stanford. Esta novela breve sale en Colombia en abril de 2013, la edición española en octubre del mismo año y las primeras traducciones aparecen en el otoño de 2014. Tras quedar finalista del primer Premio Bienal de Novela Mario Vargas Llosa (2014), *Las reputaciones* es galardonada con el Premio Real Academia Española (2014), el Premio Literario San Clemente (2015), el Prix Carbet des Lycéens (2016) y el Prémio Literário Casa da América Latina de Lisboa (2016).

Al principio de *Las reputaciones* encontramos al caricaturista Javier Mallarino, el protagonista ficticio, a punto de recibir la consagración definitiva en forma de un homenaje estatal. Mallarino se considera sucesor del gran caricaturista colombiano Ricardo Rendón (1894-1931): al inicio del siglo veintiuno ha igualado el estatus del que gozaba Rendón en su momento. La soberbia del protagonista nos hace sospechar que acabará cayéndose del pedestal y cuestionando todas sus certezas, y ya sabemos que en las ficciones de Vásquez la amenaza no suele venir del presente, sino del pasado. Esta vez, sin embargo, la mirada hacia atrás no lleva al protagonista a indagar en la historia colombiana, sino en sus propios recuerdos. Es lo que le pide Samanta Leal, una mujer joven que lo aborda al terminar el homenaje y que arrastra un trauma de niñez causado hace años durante una fiesta en casa de Mallarino.

Aunque en *Las reputaciones* se filtran ciertas experiencias e inquietudes relacionadas con el trabajo de Vásquez como columnista de *El*

Espectador, de ninguna manera se trata de una novela autobiográfica —el uso de la tercera persona y el hecho de poner como protagonista a un caricaturista y no a un columnista son tan solo dos de las muchas maneras de distorsionar la mirada propia—. No mucho después de la aparición de *Las reputaciones,* Vásquez decide dejar de publicar semanalmente sus columnas en *El Espectador*, explicando que prefiere concentrarse en la escritura de sus ficciones. La despedida, sin embargo, no le impedirá continuar ejerciendo el periodismo de opinión con cierta regularidad, tanto en el mismo periódico bogotano como en *El País* de España, *Le Monde* o *The New York Times en Español*. Es en estos y en otros espacios donde Vásquez proseguirá con distintas misiones ciudadanas, entre ellas la de defender las negociaciones de paz entre el gobierno de Juan Manuel Santos y las FARC[3], iniciadas en Oslo, en 2012.

¿Cómo creaste al personaje de Javier Mallarino, protagonista de *Las reputaciones*?

La novela nace del interés que siempre he tenido por el caricaturista político Ricardo Rendón, cuyos libros están en mi casa desde que era niño. Yo miraba sus caricaturas como miraba los dibujos de Mafalda, y a veces mi padre me explicaba alguna referencia política. También hay un vínculo autobiográfico: Rendón se suicidó en los años treinta a dos calles de la Universidad del Rosario, donde yo estudiaba, en el centro de Bogotá, en ese mismo barrio que es tan importante para mí porque lo veo como una suerte de metáfora de la historia colombiana. Haber crecido con sus caricaturas y que el lugar de su muerte formara parte de ese paisaje, entre histórico y fetichista, que se me fue montando en los años de estudio, me metió en la cabeza la idea de escribir una novela para explorar el misterio de su suicidio. Pero, poco a poco, esa idea se fue transformando en el personaje de Javier Mallarino, pues empezó a parecerme más interesante ubicar la acción en el presente y explorar los laberintos morales de un caricaturista que se siente heredero de Rendón pero trabaja en la época actual. Creo que el cambio se debió a mi propio trabajo como columnista. A la hora de comenzar la novela ya llevaba cinco años publicando colum-

---

3 | Estas negociaciones concluyeron con la firma definitiva de un acuerdo de paz en noviembre de 2016, después de un duro fracaso en las urnas del referéndum convocado por Santos en octubre para validar la primera firma pública, realizada en septiembre de ese mismo año. [Nota de la editorial]

nas. Esos años no solo me permitieron sentir la tensión que existe entre el que opina y sus lectores, sino también la responsabilidad que conlleva: la capacidad que tenemos de hacer daño.

Mientras que en tus columnas no rehúyes la toma de posición en debates políticos y sociales, como novelista te adhieres a la convicción de que las novelas no deben dar respuestas, sino formular preguntas. ¿Cómo vives el ejercicio simultáneo de ambos oficios?

Lo vivo como una tensión, como una especie de esquizofrenia. No son simplemente dos posiciones intelectuales, sino dos maneras muy distintas de estar en el mundo. Yo primero soy novelista, mi manera de ver el mundo es la de un novelista, en el sentido de tener dudas constantes. Pero al mismo tiempo empecé a hacerme preguntas de contenido político-moral. Las columnas son el medio para desahogar mi convicción de que sigue siendo pertinente que un novelista participe en el debate social. O un filósofo, si quieres, pero ante todo alguien que piensa la realidad en términos morales. Los políticos no suelen hacerlo, y menos en mi país; ellos nunca son capaces de llevar los grandes debates —aquellos sobre la legalización de la droga, el matrimonio homosexual, el aborto— al terreno de la discusión moral, que es donde deben resolverse. En cambio, los llevan al terreno de la discusión religiosa o al terreno de la discusión política, en el sentido más banal de la palabra, pero raras veces intentan comprender estas cosas desde el punto de vista humano. ¿A quién estamos haciendo daño, qué vidas estamos destruyendo o afectando seriamente con una decisión? Eso no se aborda. Vivo la escritura de las columnas como una pequeña parcela de mi cabeza que, de repente, empieza a tener certezas políticas porque ha leído a Isaiah Berlin y a Hannah Arendt o a filósofos como John Rawls o Richard Rorty. Para mí es una manera completamente opuesta de mirar el mundo, y me ha creado tensión, dificultades y cansancio. Pero, de una manera un poco idealista, tiendo a creer que allí hay una misión que compensa la incertidumbre total y la falta de respuestas, que es la ética de la ficción.

Al querer asumir esa labor del novelista columnista, pareces constituir una excepción en el panorama de la literatura latinoamericana contemporánea. ¿Lamentas la escasa participación de tus coetáneos en el debate público?

No lo lamento, pero sí noto que sucede menos, lo cual, en todo caso, no me parece poco natural. Esa idea del intelectual público que tenía la generación de Mario Vargas Llosa es directamente heredera de un cierto momento político y de la figura del intelectual a la francesa, de Sartre, Camus y demás, que son a su vez herederos de la idea del intelectual público que nace con el caso Dreyfus y Émile Zola. Nuestra generación, en cambio, está mucho más influenciada por la cultura anglosajona, donde la idea del intelectual público es inexistente, en particular en Estados Unidos. Entonces es normal que eso se haya decantado. Añoro un mundo en el que estoy encerrado, jugando con papel, como decía Robert Louis Stevenson, y creo mucho en la novela como manera de dialogar con el mundo. Mi participación en el debate público es una extrañeza, algo que asumo como un impuesto que hay que pagar. Y mientras vea que lo que escribo puede tener efectos positivos en la mentalidad colombiana, lo seguiré haciendo.

¿Acaso ves entre los colegas de tu generación a otros que también están volviendo a asumir ese papel?
En mi generación, en el más amplio sentido de la palabra, quizá sí. Pero es porque yo me siento mucho más afín, en términos de proyecto literario, a la generación anterior a la mía, a la gente que nació a finales de los cincuenta o principios de los sesenta: Javier Cercas, Ignacio Martínez de Pisón, Héctor Abad Faciolince, Rodrigo Fresán. Abad y Cercas participan muy activamente en el debate político de sus países con esa idea de molestar e incomodar y de resignarte voluntariamente a que te estás ganando enemigos con cada cosa que escribes. Porque de eso se trata: saber que con cada columna estás perdiendo la simpatía de tus lectores, sobre todo en países tan polarizados como Colombia, y aun así seguir dispuesto a hacerlo porque te parece necesario.

Otro factor que te diferencia de varios coetáneos es que para ti Roberto Bolaño no parece ser el gran gurú. ¿Cuál es tu relación con la obra de Bolaño?
Bueno, yo admiro tres o cuatro de sus novelas, un puñado de cuentos... y admiro su dedicación voraz y obsesiva frente al oficio. Pero tengo con su obra una relación más pasiva y distante que la que tengo, por ejemplo, con Javier Cercas. Mi admiración por la obra de Bolaño se debe, entre otras cosas, a su versatilidad asombrosa. Bolaño tiene por lo menos un cuento y una novela corta que son obras maestras...

¿A qué textos te refieres?

Puedo pensar en varios cuentos, pero "Últimos atardeceres en la tierra" es fantástico. "El Ojo Silva" también me ha gustado desde siempre. De sus novelas cortas, *Estrella distante* es un libro que va a quedar. Sin embargo, luego tienes *Los detectives salvajes* y *2666*, obras que para mí no son novelas, sino que pertenecen más a la novela grande. Es un género distinto cuyo gran valor está en la imperfección, en ser esos *loose baggy monsters*, como los llamaba Henry James. El haber producido estas maravillas en tres géneros tan distintos es la prueba de que estamos ante un gran escritor de ficción.

Y, sin embargo, no parece haber influido en ti.

Lo que pasa es que lo que Bolaño hace y los medios que emplea me son ajenos. No creo que los mismos escritores estén en nuestros panteones personales, a pesar de que compartamos algunos. No tenemos la misma idea de la prosa, de la construcción de una frase. En cambio, en muchas primeras, segundas e incluso terceras novelas de escritores un poco más jóvenes que yo sí he notado la presencia no digerida de Bolaño. Es un problema literario por el que todo escritor pasa. La mayor parte de la obra de Bolaño es, de alguna manera, un gran retrato del artista adolescente y la manera en que lo hace es muy personal, muy atractiva, muy seductora y muy eficaz para un escritor que comienza, precisamente porque la impronta de Bolaño no está en sus imágenes, sus figuras o su música, como sí es el caso de Borges o García Márquez; no la detectas inmediatamente. Muchos de estos libros influenciados por Bolaño pasan de alguna manera sin delatarse, haciéndoles un flaco favor a sus autores, que están viajando en autostop sobre los descubrimientos de otro.

Al leer *Las reputaciones,* me da la impresión de que, en tu caso, las influencias han ido evolucionando. Aparte de algunos maestros que siguen allí, como Philip Roth y, hasta cierto punto, Joseph Conrad, hay otros que han perdido importancia, como V. S. Naipaul.

Me doy cuenta de que efectivamente hay autores que no han seguido siendo tan pertinentes para mí, como Naipaul. Y sé muy bien por qué. El de Naipaul era un destino con el que yo podía identificarme o tranquilizarme, la idea de un chico que quiere ser escritor desde los nueve años aunque no tenga tema, que viene de esas —muy entre comillas— "periferias" y que trata de hacerse escritor al llegar al "centro". Todo eso era importante para mí, pero ya ha dejado de serlo. En este momento han empezado a interesarme más escritores anteriores, tan remotos como Dostoievski o Tolstói. Ahora los novelistas rusos me están diciendo cosas que antes no me habían dicho. Después de leer *Crimen y castigo* a los diecisiete años, volverlo a leer rondando los cuarenta fue un gran descubrimiento, y pienso últimamente que *Los demonios* de Dostoievski es la mejor novela política de la historia. Al volver a leer *Las reputaciones* me sorprendió la construcción tan clásica que tiene. Mientras estaba escribiendo la novela leí mucho *La muerte de Iván Ilich* y la obra de Henry James. Creo que bastantes cosas de *Las reputaciones* responden a estas presencias.

Los ejemplos que mencionas —*La muerte de Iván Ilich* y los relatos de Henry James— son clásicos de la *nouvelle,* ese género incierto que oscila entre el cuento largo y la novela breve. También en América Latina tiene una gran tradición. Curiosamente, a diferencia del género del cuento, el de la *nouvelle* no ha dado lugar a tanta reflexión teórica, ni de parte de los autores ni de parte de la crítica. ¿En qué consiste, para ti, la particularidad de este género?

Las reputaciones comenzó teniendo intenciones de *nouvelle* y quiso en un primer momento pertenecer a esa familia que en la literatura latinoamericana ha dado efectivamente obras maestras, como *El coronel no tiene quien le escriba* de García Márquez, *Aura* de Fuentes o *Los adioses* de Onetti. Pero luego se alargó un poquito más, y ya no creo que pertenezca a ese género. Más bien la considero como una novela breve. De todas maneras, estoy de acuerdo contigo: es un género que ha dado una cantidad de obras importantísimas —pensemos también en *El corazón de las tinieblas* o *La metamorfosis*—, y sin embargo no ha provocado tanta reflexión teórica. Yo creo que la razón es que es muy inasible. ¿Dónde trazas los límites de extensión? *¿El viejo y el mar* es una novela corta? Yo creo que sí. *¿El gran Gatsby* lo es? Tal vez ya no. Tiene cincuenta mil palabras. ¿Qué es *El perseguidor* de Cortázar, un cuento o una *nouvelle*? No lo sé. Hay novelas de Patrick Modiano que podríamos calificar de *nouvelle,* y no obstante se venden como *roman.*

Si en términos de extensión difícilmente se deja definir, quizás sea mejor hacerlo desde un punto de vista narratológico. Recuerdo ahora un texto de Ricardo Piglia que se titula "Secreto y narración: tesis sobre la *nouvelle*". Allí se plantea que en el centro de muchas

novelas cortas —como *Los adioses* de Onetti, que precisamente Piglia escoge para su análisis— hay un secreto que no se revela y que rige la tensión narrativa. Esa idea vale para *Las reputaciones*: nunca llegamos a saber a ciencia cierta qué fue lo que hizo o no hizo el congresista Cuéllar con las niñas durante la fiesta en casa de Mallarino.

Es muy interesante esto. Fíjate que, de entre todos mis libros, *Las reputaciones* fue justamente la obra que escogió Javier Cercas para incluirla en *El punto ciego* como una prueba de que la estética del punto ciego sigue viva entre nosotros. En ese ensayo, que me parece extraordinario, Cercas elabora la teoría de que hay un tipo de novelas que funcionan porque en su centro hay algo que no se ve, un secreto que nunca se resuelve. Por ejemplo, ¿qué hizo Josef K. para que lo arrestaran? Nunca lo sabremos. Este es el punto ciego de *El proceso*. Es verdad que hay una cantidad de ejemplos de ese género de la *nouvelle* que funcionan alrededor del secreto, y me parece entender por qué. Los requisitos de brevedad hacen que la manera más fácil de contar una historia más grande sea silenciando la parte más importante. Esto produce un efecto de condensación de la narrativa y permite que se cuente en noventa o cien páginas una historia que, si iluminas todo el secreto, tomaría trescientas.

Se nota que también escribiste *Las reputaciones* teniendo muy presentes ciertos modelos clásicos del género. Aun así, encuentro que con los años, y particularmente a partir de *El ruido de las cosas al caer*, tu relación con la tradición ha dejado de manifestarse en clave de confrontación. ¿Te sientes ahora más libre al momento de escribir?

Sí, me siento más libre. En *Costaguana* todavía estaba descubriendo cuáles son mis temas y por qué tengo derecho a ellos, y eso va de la mano con hacer investigaciones formales, tratar de encontrar una voz que te permita ir perfilando tus intereses. He pensado y escrito mucho sobre mi relación con mi tradición. Ahora, ya tengo mucha más claridad a ese respecto y eso viene acompañado de la libertad de la que hablas, de la seguridad de haber encontrado lo que quiero escribir y de saber que lo voy a hacer sin pensar en las consecuencias. Ya no me interesa preguntarme si cada cosa que escriba la va a leer poca o mucha gente, porque creo que mis libros han ido poco a poco creando a su lector. Es lo que tiene que hacer todo escritor: no escribir para un cierto tipo de audiencia que tiene en la cabeza, sino ir inventando a ese lector.

Con la excepción de la exuberancia de *Costaguana*, desde *Los informantes* o incluso desde los cuentos de *Los amantes de Todos los Santos* has ido puliendo una poética propia, caracterizada por un tono más bien serio y un ambiente brumoso, moralmente complejo. ¿Aspiras a afinar ese 'sello vasquiano' o algún día te propondrás lanzarte a otra extravagancia como *Costaguana*?

Costaguana fue un histrionismo, una pieza teatral que yo representé, mientras que en las otras novelas la voz, los ambientes y los intereses corresponden a mi propio temperamento. Crear un narrador o un personaje siempre implica ponerte una máscara, y uno decide qué tan cercana está esa máscara de su sensibilidad y temperamento. *Costaguana* es ese momento de la noche en que empiezas a contar bromas en la mesa, a asumir la voz de otro. Para hablar de esos temas el descubrimiento de esa voz fue muy importante, y puede que un experimento así vuelva a suceder. Pero sí he descubierto que lo que me viene de manera más natural es el otro tono, el de *Los informantes*, *El ruido de las cosas al caer* y *Las reputaciones*. Viendo los proyectos que tengo ahora, creo que voy hacia eso, aquel tono lo identifico cada vez más con mis inquietudes, con la cualidad moral de las novelas que me gusta leer, con las preguntas que quiero hacerme. *Los informantes*, *El ruido de las cosas al caer* y *Las reputaciones* se acercan mucho más a cierta familia literaria que asocio con las ideas de la tragedia clásica, en el sentido del hombre cuya vida es vulnerable a fuerzas que no entiende. Pero también en el sentido de la tragedia como metáfora de la caída, como la idea de rastrear el proceso de cómo un personaje que está en las alturas de su vida acaba cayendo. Este es el mundo que quiero explorar en la ficción, y en mi cabeza esto suena con la misma voz de dichas novelas, no con la de *Costaguana*. *Costaguana* es una tragicomedia, *à la limite*, pero muchas veces está más cerca del vodevil o la farsa.

Me parece que, gracias a la creación de esa voz propia, al abrir cada nueva ficción tuya los lectores fieles nos damos cuenta a los pocos párrafos de que tenemos en manos un libro de Vásquez. ¿Has estado buscando esa sensación de reconocimiento?

Esta conversación la tuve con Javier Marías, quien está obsesionado desde hace mucho tiempo con la idea de estilo en este mismo sentido: poder encontrarte una página volando y decir: "Esto es Proust", "esto es Faulkner", "esto es Marías". Él ha trabajado muy duro para construir esa voz. Para mí, no ha sido un horizonte y, sin embargo, me gusta la idea, porque quiere decir que ya mis libros van descubriendo sus obsesiones. Siempre he creído que los libros son más inteligentes que sus autores, y eso que me estás diciendo significa que los míos ya encontraron su obsesión y que yo tengo que seguir ese dictado. Como lector, aprecio mucho eso de volver a un universo reconocible incluso si las voces y estrategias son distintas, como sucede con Cortázar o el primer García Márquez u Orhan Pamuk, autores que producen libros muy distintos entre sí, pero cuando abres uno sabes quién lo escribió. Eso me gusta mucho, aunque no lo he perseguido conscientemente.

También ocurre con Philip Roth...
Y con todo, Roth es inmediatamente reconocible, pero a la vez completamente impredecible. Ninguno de sus libros es igual a otro en método, técnica o estrategia. A partir del momento en que Roth regresa un poco de toda esa tontería de humorismo sexual, que por cierto me gusta mucho, agarras sus obras maestras y resulta que incluso en la trilogía más armada —*La mancha humana*, *Me casé con un comunista* y *Pastoral americana*— las estrategias son completamente distintas, y eso a pesar de que las tres son novelas de tema político, narradas por el mismo Nathan Zuckerman. Eso es lo que me interesa, que cada libro sea una exploración de nuevos modos de hacer las cosas, porque creo que en la novela la estructura y el estilo son las maneras que tienes de hablar de lo sustancial. Se llega a distintas revelaciones sobre lo que estás discutiendo cuando cambias la manera de discutirlo. Por ejemplo, *Las reputaciones* es completamente distinta desde todo punto de vista a *Los informantes* o *El ruido de las cosas al caer*, que tienden a parecerse.

En cierto momento de *Las reputaciones*, durante la fiesta en casa de Mallarino, aparece un tal Gabriel Santoro. Este cameo del que fuera narrador de *Los informantes* me hizo preguntarme si alguna vez te has planteado la posibilidad de crear un *alter ego*, al estilo del Zuckerman de Roth o del Renzi de Piglia, que pudiera fungir de narrador de varias novelas.
Sí, porque la estrategia de este narrador que cuenta la historia de otro siempre me ha gustado. Tengo dos o tres ideas flotando por allí que encajarían dentro de esto: un narrador que tiene mis coordenadas biográficas, pero se llama de manera distinta, con toda la libertad que eso implica. De hecho, Gabriel Santoro hijo ha estado por allí como posible narrador, aunque, a pesar de que fuera tentador recuperarlo, no

veo por qué mantener el artificio de la diferencia generacional que tenemos. Empecé a escribir *Los informantes* con veintiocho años. En aquel momento, por las circunstancias cronológicas de la novela, me convenía mucho más un narrador que fuera mayor que yo. Por eso Santoro me lleva unos doce años. Quiere decir que si lo recupero ahora estoy poniéndome como *alter ego* a un narrador bastante mayor, y me parece que ese artificio no hay por qué mantenerlo si puedo inventar a otro que sea realmente mi par en términos de edad y generación. Antonio Yammara, el narrador de *El ruido de las cosas al caer*, es de la misma generación, pero ya no me interesa porque el tipo tiene su propio rollo.

Llama la atención que, a diferencia de Gabriel Santoro, que no tiene hijos, desde *Costaguana* todos tus protagonistas llegan a ser padres de familia.

En *Costaguana* hay una escena en la que llevan a pesar a una niña prematura en una báscula de carnicero. Es la intromisión en la novela de lo que me estaba pasando a mí. Terminé *Costaguana* cuando mis hijas prematuras estaban en la incubadora. Fueron dos meses durante los cuales mi vida sucedía en el hospital. Cuando podía me apartaba un poco, me iba a una sala de espera, me ponía los tapones y escribía *Costaguana*. Allí pasó de manera muy consciente, pero más allá de eso escribo siempre sobre lo que me interesa a un nivel emocional, personal, moral. Nunca he podido hacerlo sobre temas abstractos que no me toquen. Al escribir *Los informantes* yo todavía no tenía hijos, así que era una investigación más hacia arriba, hacia el padre. En *Costaguana* empezó a bascular y en *El ruido de las cosas al caer* y *Las reputaciones* ya se volvió una exploración que va más hacia abajo, del padre hacia los hijos. Ambas novelas están llenas de relaciones padre-hija. Creo que, en el fondo, toda literatura es autobiográfica y yo escribo de manera muy directa sobre lo que me preocupa.

V.
La forma de las ruinas, Canciones para el incendio y la invocación del caos

En noviembre de 2015 sale en Colombia la primera edición de *La forma de las ruinas*. El mero volumen de la novela —quinientas cuarenta y nueve páginas— no deja lugar a dudas: esta es, hasta la fecha, la obra más ambiciosa de Vásquez. Tan exigente consigo mismo como con sus lectores, Vásquez es el tipo de autor que aspira a destacarse en varios géneros. En su repertorio ya contaba con un libro de cuentos, novelas de extensión mediana y breve, una biografía y una colección de ensayos, pero le faltaba una novela grande, un *loose baggy monster*, como él las llama citando a Henry James. El resultado es una obra en cierto sentido reminiscente de las novelas totales del Boom, y al mismo tiempo plenamente inscrita en la narrativa latinoamericana del siglo XXI, una de cuyas misiones, según lo propone Jorge Volpi en *El insomnio de Bolívar* (2009), consiste en reconstruir las ruinas de la región.

Como cabría esperar, la materia de *La forma de las ruinas*, que sería galardonada con el Prémio Literário Casino da Póvoa (Portugal, 2018) y quedaría finalista en el segundo Premio Bienal de Novela Mario Vargas Llosa (Perú, 2016) y en el International Booker Prize (Reino Unido, 2019), se extrae de las fosas de la historia colombiana. Pero, esta vez, no de sepulturas más o menos anónimas, sino de las tumbas de dos próceres políticos liberales de la primera mitad del siglo veinte: el general Rafael Uribe Uribe, asesinado en 1914, y el candidato presidencial Jorge Eliécer Gaitán, muerto a tiros el 9 de abril de 1948. Al tratar de arrojar luz sobre ambos magnicidios, Vásquez ahonda más que nunca en esa pregunta latente dentro de sus novelas anteriores: ¿en qué momento se jodió Colombia? Por primera vez, el narrador lleva el nombre del autor e ilustra su investigación con imágenes, tal como solía hacerlo W. G. Sebald; dos estrategias que, por un lado, contribuyen a la suspensión de la incredulidad, y, por el otro, siembran una confusión constante entre autobiografía y ficción, historia e imaginación.

En el periodo posterior a *La forma de las ruinas*, dos recopilaciones y tres reconocimientos les dan más argumentos a quienes defienden el valor de la obra de Vásquez en la escena literaria colombiana, hispánica y mundial. En 2017, el autor publica su segundo libro de ensayo —*Viajes con un mapa en blanco*— y en 2018 sigue su segundo libro de cuentos —*Canciones para el incendio*, por el que recibe el VI Premio Biblioteca de Narrativa Colombiana—. Mientras tanto, en Europa le entregan dos condecoraciones honoríficas: la insignia de Chevalier de L'Ordre des Arts et des Lettres (Francia, 2016) y la Cruz de Oficial de la Orden de Isabel la Católica (España, 2018).

Finalmente, en *La forma de las ruinas* conviertes a Jorge Eliécer Gaitán y el Bogotazo en el centro de una novela. Digo finalmente porque esa ambición ya se podía leer entre líneas en *Los informantes*. En esa novela de 2004, el personaje del padre es un admirador e imitador de Gaitán, y en cierto momento Sara Guterman dice: «Todos sabíamos que lo de Gaitán era definitivo. Cuando lo mataron, todos sabíamos que el país no se iba a reponer nunca».
La figura de Gaitán me ha acompañado por razones personales. Como se cuenta en *La forma de las ruinas*, un tío abuelo mío fue un político conservador importante en los años cuarenta. En el momento en que mataron a Gaitán era el gobernador de Boyacá, el departamento que se sitúa inmediatamente al norte de Bogotá. La historia colombiana acepta que la policía bogotana se sublevó —era gente de origen humilde y muchos eran gaitanistas— y que las fuerzas policiales de Boyacá fueron enviadas a Bogotá para tratar de controlar la situación. Todo esto es tal vez la razón de que el 9 de abril haya estado tan presente en la mitología de mi familia. Siempre se contaban historias y leyendas sobre Gaitán, que representaba a los otros, a los enemigos: ese lado de mi familia es muy conservador, y Gaitán, como sabes, era el jefe de los liberales. Así es como nace mi relación con las distintas narrativas que tratan de iluminar el fenómeno del Bogotazo. Luego entré a estudiar derecho en la Universidad del Rosario, que queda a cinco pasos del lugar donde mataron a Gaitán. Y así se fue intensificando mi relación con esos espacios de la historia, como si fueran lugares donde están presentes los fantasmas del pasado colombiano.

¿Creció de manera similar tu interés por el otro personaje histórico central de *La forma de las ruinas*, Rafael Uribe Uribe?
La figura de Uribe Uribe siempre estuvo flotando por allí también, sin que tuviera ese vínculo tan directo con mi pasado familiar. La historia

de su asesinato le interesaba mucho a mi padre. De niño, él me llevaba al centro de Bogotá. El lugar donde mataron a Uribe Uribe queda muy cerca del Colón, que fue el teatro principal de mi niñez. A ese teatro de estilo italiano, construido a comienzos del siglo veinte, iba yo con mi familia a ver al mimo Marcel Marceau, a ver a Les Luthiers, a ver zarzuelas y mis primeras óperas. Alguna vez mi padre me llevó al sitio donde asesinaron al general y me mostró la placa que contaba quién había sido el muerto y cómo lo mataron. Yo crecí sabiendo esas cosas. Si buscas al principio de *Historia secreta de Costaguana* encontrarás una mención a Uribe Uribe y a sus asesinos. El narrador habla de los apellidos de estos últimos, Galarza y Carvajal, como una de esas cosas con las que crecemos, como Sacco y Vanzetti. Todo aquello forma parte de la relación que he tenido siempre con la historia colombiana. No es una relación distante, o intermediada por libros de texto. Al contrario, es una que responde a la idea de que la historia está viva y que hay memoria de ella en nuestras calles. Eso vale sobre todo para los episodios de violencia política, que son los que más me han interesado.

En todas tus novelas ese vínculo personal y tangible con el pasado colombiano se complementa con una amplia investigación histórica. ¿La fase de la investigación siempre precede a la fase de la escritura de tus libros o no son etapas tan separables?
Con el tiempo he entendido que mi método involucra una tercera fase. Desde luego que las cosas nunca son claras, las fases no tienen la definición de un experimento científico. A veces se entrelazan y se sobreponen, pero sí están más o menos separadas.

La primera fase siempre es periodística. Casi todas mis novelas parten de un encuentro con una persona real: la versión de carne y hueso de Sara Guterman en *Los informantes*, un amigo a quien le tocó una bala que no le debía tocar en *El ruido de las cosas al caer*, el encuentro con ese médico que me muestra la vértebra de Gaitán y el cráneo de Uribe Uribe en *La forma de las ruinas*. Siempre hay un encuentro, y cuando intuyo que después de él hay una novela, ese encuentro toma la forma de un trabajo periodístico: le pido a la persona que se siente conmigo, le hago preguntas. Luego realizo una especie de reportaje para mí, un reportaje privado que consiste en ir a los lugares donde ocurre la ficción. Ese trabajo de periodista es muy importante, es el punto de partida.

Tras la fascinación por un personaje que ya vislumbro desde el material que sale de la entrevista y el reportaje, paso a la labor del historiador: busco en archivos, voy a bibliotecas y averiguo datos para conformar el marco histórico del personaje: la Bogotá de los años cuarenta en *Los informantes*, los años setenta y ochenta en *El ruido de las cosas al caer*, las biografías de Uribe Uribe y Gaitán en *La forma de las ruinas*, todo lo que sabemos y no sabemos de sus asesinatos.

En ese punto, cuando voy teniendo una idea clara de los momentos históricos, de repente se va perfilando la historia de ficción. Es ahí cuando me pongo en modo novelista y comienzo a inventar. Es la parte en que interviene la imaginación, o bien para crear a mis personajes —por ejemplo, al Carlos Carballo de *La forma de las ruinas*—, o bien para interpretar la vida interior del personaje que ya existe. A partir de allí la escritura de ficción es lo primordial, pero hay ocasiones en que necesito convertirme en historiador o periodista otra vez para completar algo.

Al igual que en *El ruido*, el primer capítulo de *La forma de las ruinas* es sumamente intenso e impactante: siembras las incógnitas, abres las pistas, introduces a los personajes, logras crear una tensión que engancha. ¿Sueles escribir el primer capítulo al inicio o al final del proceso de escritura?

Nunca lo escribo al principio. Las primeras páginas de una novela son efectivamente muy importantes para mí desde un punto de vista narrativo; quiero capturar al lector como me capturan a mí los libros que más admiro en este sentido: *El amor en los tiempos del cólera*, *La guerra del fin del mundo*, *Corazón tan blanco*... Son novelas cuya primera página es un artefacto muy complejo, que lanza una cantidad de información para hacer muchas cosas al mismo tiempo: para atrapar al lector, desde luego, pero también para construir un momento, dar un atisbo de un problema humano. Todo eso tiene que ocurrir al principio. Cuando yo empiezo a escribir un libro no sé nada de eso, nunca sé lo suficiente para escribir esa primera página. Ese conocimiento —¿cuál es mi personaje, cuál es mi problema humano, dónde estamos físicamente?— llega con el tiempo, y la primera página va cambiando siempre. También porque durante los primeros meses de escritura comienzo todos los días por reescribir lo que llevo. La primera página se transforma día tras día.

En ese primer capítulo de *La forma de las ruinas* hay una frase que me gusta particularmente por lo que dice y por cómo lo dice: «Siempre es difícil, pensé, el ejercicio de leer un documento de otros tiempos con los ojos de quienes lo leyeron en el momento de su aparición. Hay quie-

nes nunca llegan a hacerlo, pensé; y por eso no se comunicarán nunca con el pasado: permanecerán para siempre sordos a sus susurros, a los secretos que nos cuenta, a la comprensión de sus mecanismos misteriosos». Supongo que los seres humanos siempre hemos incurrido en el error de juzgar el pasado desde la perspectiva del presente, ¿pero piensas que hoy lo estamos cometiendo más que nunca?

Sí. Esa frase está allí porque era una preocupación que yo estaba viendo en nuestro comportamiento como sociedad desde hace cierto tiempo. Los ataques a Shakespeare o a Cervantes porque no escribían sobre las mujeres o los judíos como lo hacemos nosotros; nuestra manera de juzgar el arte de hace unos años, unas décadas o unos siglos porque no comparte las coordenadas morales de nuestro mundo: eso no solo me parece injusto y torpe, sino que además nos priva de una cantidad de conocimientos que se obtienen cuando logramos ver el mundo de un artista remoto a través de sus ojos y su sensibilidad. Cuando le exigimos a un autor del pasado que se enfrente a sus personajes con las mismas coordenadas éticas o sociológicas que tenemos ahora, estamos cometiendo un pecado de ignorancia y de miopía histórica gravísimo y nos estamos prohibiendo a nosotros mismos una comprensión de otro momento histórico, que es imposible fuera de esos artistas. Siempre he dicho que el gran problema del pasado es que solo podemos acceder a él a través de las historias, de la narrativa. Y si a esa narrativa le pedimos que piense como nosotros, que sienta como nosotros, que tenga las mismas opiniones que nosotros, los mismos juicios morales o sociales, pues estamos cerrando la única ventana que tenemos hacia el conocimiento del pasado.

Sin embargo, es difícil contemplar el pasado despojándonos de nuestros propios conocimientos, experiencias y opiniones.
Para eso sirven las novelas. La novela es el género que nos permite con mayor facilidad desactivar los prejuicios ideológicos, porque nos hace partícipes de una acción. En cambio, un gran libro de historia o sociología nos pide una interpretación a través de las ideas, y allí es mucho más difícil abandonar todo eso que llamamos cultura, la adquisición de una serie de valores que nos han moldeado. La virtud de la narrativa de ficción, venga en el formato que venga —también las obras de Shakespeare o de Racine—, radica igualmente en eso: por la manera en que funciona el lenguaje de la ficción, las novelas, las obras de teatro o los cuentos nos permiten con mucha más facilidad abandonar nuestros

prejuicios ideológicos y convicciones teóricas y enfrentarnos al destino real, concreto y vivencial de un personaje.

En tus novelas anteriores, como _Los informantes_ o _El ruido de las cosas al caer_, habías tratado tu vida personal con bastante discreción, disfrazándola o distorsionándola mediante la ficción: aunque los narradores usaban la primera persona, era evidente que no se trataba de novelas autobiográficas. Ahora, en _La forma de las ruinas_, introduces a un narrador que no solo comparte tu nombre, sino también muchos datos biográficos. ¿A qué se debe ese giro?

Hubo varias razones mezcladas. De algunas estuve más consciente, otras se sitúan más a nivel temperamental. Estoy muy consciente, por ejemplo, de haber sentido que lo que me había ocurrido —el hecho de que un médico me invitara a su casa y me pusiera en las manos una vértebra de Gaitán y una parte del cráneo de Uribe Uribe— era tan inverosímil, tan extraño como situación, que meterlo dentro de un lenguaje de ficción habría significado no solo quitarle mucha potencia, sino propiciar la incredulidad del lector. Allí quien leyera el libro sentiría que está frente a una fábula como cualquier otra. En cambio, utilizarme a mí como narrador, con mi identidad reconocible y mi biografía, era un seguro de vida para la ficción, una manera de vencer las reticencias del lector. Pensé que de este modo aceptaría con más facilidad esas cosas que realmente me ocurrieron. En vez de hacer ruido, se introduciría por lo menos un grado de duda. Con alguna parte de la cabeza el lector pensaría: "Esto ha sucedido realmente" y con otra se preguntaría: "¿Esto ha sucedido realmente?". Para mí eso era necesario desde un punto de vista estratégico.

Así también cuentas de forma muy abierta —aunque siempre con la máscara de la autoficción— la historia del nacimiento prematuro de tus hijas gemelas.

En ese momento fue muy importante explorar hasta el fondo la situación emocional en la que me vi a causa de lo que me ocurrió. Es decir, en un mismo momento cronológico de mi vida pasaron esas dos cosas: primero yo iba a visitar a un conocido que me dejaba tocar el cráneo de Uribe Uribe y las vértebras de Gaitán; después, otro día, o a veces incluso en el mismo, yo iba a la clínica donde mis hijas estaban en las incubadoras, recuperándose de ese nacimiento complicadísimo. A veces, como parte de la terapia, los médicos nos dejaban sacar a las niñas de las incubadoras y ponerlas sobre el pecho...

El contacto piel con piel...

Sí. También lo llaman el método canguro. Lo inventaron unos neonatólogos colombianos, además. El hecho es que después, cuando lo pensaba, la situación me parecía estremecedora: que en el mismo momento estuviera en contacto con los huesos de las víctimas políticas del pasado colombiano y con los cuerpos recién nacidos de mis hijas, que representaban de alguna manera —sin ponernos cursis— el futuro. La potencia de la metáfora me generó emociones muy complejas. Me preguntaba: ¿cómo van a heredar mis hijas esa violencia pasada? ¿Cómo puede esa violencia de la historia colombiana, que he sentido en los huesos de los muertos, atravesar las generaciones y afectar la vida de esas niñas que yo quiero proteger? Para ese momento yo ya era muy consciente, como novelista y ciudadano, de las maneras tan misteriosas en que un crimen de hace cincuenta años puede moldear mi vida presente. Quería explorar eso en el libro, porque las estrategias narrativas de la novela están determinadas por esas preguntas. Por eso escojo un narrador que se llama como yo y que está pasando por lo mismo por lo que yo pasé.

Tal como sucede en *El ruido de las cosas al caer*, el narrador de *La forma de las ruinas*, al querer explorar hasta el fondo las implicaciones de la violencia pasada, termina descuidando sus responsabilidades familiares. De hecho, hay un momento en que él se da cuenta de que está pensando en los huesos de Gaitán, cuando debería estar pensando en sus hijas. «Se te está convirtiendo en una obsesión», le reprocha su esposa. Pues bien, al leer estas partes tampoco pude evitar pensar: "Esto ha sucedido realmente". ¿Cómo logras conciliar esa vocación literaria tan exigente que te has impuesto con el papel —igualmente exigente— de padre y esposo?

Recuerdo algo que alguna vez me dijo un amigo mío, el escritor barcelonés Juan Trejo, después de leer *Los amantes de Todos los Santos*, un libro, justamente, sobre fracasos amorosos. Tengo muy presente la frase con la que Juan definió la escritura de un libro: él hablaba de la invocación del caos. Invocar el caos es una manera de controlarlo, de ponerlo dentro de una caja, que en este caso es el lenguaje de la ficción, para que no lo sufras en la vida real. En algún sentido, eso es lo que pasa en episodios como el que citas. Vuelco en mis novelas todo lo que temo, todos los riesgos a los que me han llevado siempre mis obsesiones de novelista. Ese episodio entre el narrador de *La forma de las ruinas* y su pareja no ocurrió en la realidad, pero la ficción necesitaba ese conflicto. Además, al asignarles esos fracasos y equivocaciones a mis personajes, de alguna manera los estoy exorcizando de mi propia vida. Como sabes, siempre he perseguido el oficio con una testarudez un poco irracional, sacrificando una cantidad de cosas en el camino, y siempre me ha dado un poco de miedo lo que podría llegar a sacrificar si no me cuido. Como tengo la inmensa fortuna de una familia sólida, una familia que le da un segundo sentido a todo lo que hago, en mis libros exploro todo lo contrario: el desamor, el conflicto, la infelicidad.

En 2018, después de la novela grande que es *La forma de las ruinas*, vuelves a la forma breve del cuento. *Los amantes de Todos los Santos*, tu primer libro de este género, fue publicado en 2001. Después aparecieron varios relatos tuyos en antologías y revistas, pero tuvieron que pasar diecisiete años para que publicaras un nuevo libro de cuentos, *Canciones para el incendio*.
Desde 2001 escribí muchos cuentos, pero solo tenía cuatro que valían la pena, que resistían el paso a las tapas. Dice mi amigo Rodrigo Fresán que hay libros *de* cuentos y libros *con* cuentos. Los libros *con* cuentos son el resultado de ese momento en que un escritor abre su cajón, saca diez cosas que tenía guardadas y las manda al editor. Pero a mí me gustan los libros *de* cuentos, aquellos que están concebidos como un sistema en el que los cuentos están interrelacionados, tienen ecos y temas que se repiten, juegan entre ellos para producir algo mayor que la suma de sus partes. Me parece fantástica la idea de Tobias Wolff de que un libro de cuentos debe ser como una novela en la que los personajes no se conocen entre sí. Así funciona *Dublineses* de Joyce. Los mejores libros de cuentos ofrecen miradas poliédricas sobre las mismas emociones. De manera que los cuatro cuentos que tenía escritos estaban formando eso, pero faltaba diseñar los demás que completaran el retrato.

Y eso lo hiciste con *Canciones para el incendio*. ¿Cómo evalúas tú mismo el desarrollo de tu poética cuentística de *Los amantes de Todos los Santos* a *Canciones para el incendio*?
Mis dos libros de cuentos son producto de situaciones diametralmente opuestas. Escribí *Los amantes de Todos los Santos* en un estado de incertidumbre y ansiedad muy profundo. En aquel momento había publicado dos novelas, *Persona* y *Alina suplicante*, con una sensación

de fracaso privado; creía que no estaban a la altura de los libros que me habían metido en la cabeza eso de ser escritor. *Los amantes de Todos los Santos* fue una última oportunidad que secretamente me di a mí mismo, pensando en que si ese salía mal, tal vez esto no era para mí. Fue un libro que escribí como caminando sobre cáscaras de huevo: con mucho cuidado, estudiando los modelos clásicos con una disciplina de buen alumno que no se aparta de las reglas en ningún momento. Esos modelos eran el Joyce de *Dublineses*, los relatos de Chéjov y una generación de escritores norteamericanos que venían precisamente de este último: Tobias Wolff, Richard Ford, Alice Munro. De modo que son cuentos muy bien portados, muy disciplinados, muy clásicos en su forma, en sus estrategias, arquitecturas y temas. Siguen de cerca una poética del cuento que describió Frank O'Connor en *The Lonely Voice*, un libro donde elabora una filosofía del cuento clásico. Allí O'Connor dice que los personajes de los cuentos son gente solitaria que vive de espaldas a la realidad social y que el cuento es un género que se ocupa de nuestra vida íntima, que no tiene ni espacio ni tiempo para ocuparse en grandes cuestiones sociales, que es lo que le pertenece a la novela. En *Los amantes de Todos los Santos* seguí todo eso a rajatabla, y quedé lo suficientemente contento con lo que escribí como para seguir persiguiendo mi sueño de ser escritor.

Durante los dieciséis años siguientes estuve concentrado casi totalmente en el aprendizaje del arte de la novela y en la reflexión sobre esta como género: ¿para qué la escribimos, para qué la leemos, para qué la quiero escribir yo? Y mis novelas, hasta *La forma de las ruinas*, son el fruto de esa reflexión. Cuando publiqué *Viajes con un mapa en blanco*, mi libro de ensayos sobre el arte de la novela, sentí que se había cerrado un ciclo, que necesitaba cambiar de mirada y volver, después de tantos años de pensar el mundo en términos de la novela, al cuento. Ahora recuerdo un ensayo que escribí después de publicarse *Los amantes de Todos los Santos*, durante la escritura de *Los informantes*. Se titula "Apología de las tortugas", y en él decía: «Ahora estoy escribiendo una novela, pero estoy seguro de que eventualmente voy a tener un pequeño malestar agorafóbico y voy a volver a la soledad e intimidad de mis relatos». Este proceso, pues, se demoró dieciséis años, y el resultado fue un libro de cuentos completamente distinto del primero, un libro que rompe con muchas de mis lealtades y convicciones un poco rígidas acerca de lo que el género podía hacer y de cómo debía hacerlo. Hay más confianza en este libro, más oficio, más sabiduría.

El ensayo que citas se incorporó después a *El arte de la distorsión*. En el mismo volumen incluiste otro ensayo sobre el género del cuento, más específicamente sobre unos cuentos de Ricardo Piglia. En ese ensayo, "La historia que ya existe", dices que en *Nombre falso* de Piglia hay tres relatos que se oponen a la poética clásica que acabas de explicar porque en ellos sí entran, aunque sea de forma oblicua, el contexto social y el contexto histórico. Me parece que varios cuentos de *Canciones para el incendio* van en la misma dirección: "Mujer en la orilla", "Las ranas" y el relato final, que da título al libro.

En esa lista yo también incluiría "Los muchachos", que se puede leer como una metáfora de mi generación en una época de violencia social muy particular en Colombia. Fíjate en que se me había olvidado ese ensayo sobre Piglia. Pero es verdad que da testimonio de la apertura de horizontes de mis cuentos. Mientras iba escribiendo todas esas novelas, surgían posibilidades de escribir cuentos, generalmente por encargo, para antologías. Así nacieron, por ejemplo, "Aeropuerto" y "El doble". Con ellos iba tratando de violentar las formas rígidas y clásicas que había aprendido a manejar con *Los amantes*... Como las novelas estaban tan obsesionadas con el mundo político, con nuestro pasado colectivo, mis cuentos empezaron a buscar formas de permitir que el mundo de afuera entrara en ese espacio tan reducido y concreto.

¿Es por esa razón que consideras, como me escribiste alguna vez, que los tres relatos que mencioné son los mejores de *Canciones para el incendio*?

No, no es por eso que les tengo tanto afecto. Algo tiene que ver, desde luego, pero creo que la razón de mi favoritismo está en ese momento tan satisfactorio en el que pasa realmente lo que tendría que pasar siempre: el momento en que una intuición o una idea encuentra la forma perfecta. La estrategia narrativa de "Las ranas" era la única manera en que este cuento se podía escribir; "Mujer en la orilla" tiene un manejo de las elipsis y los silencios profundamente arriesgado para mí, y "Canciones para el incendio" fue un ejercicio de libertad absoluto, el momento en que dije de una manera inconsciente: vamos a ver cuántas reglas del cuento clásico puedo violar. Decía Piglia, en "Tesis sobre el cuento", que todo cuento cuenta dos historias. Y yo pensé: vamos a ver si es cierto, voy a contar tres, o cuatro. ¿Cómo lo hago? Pues haciendo entrar de manera brutal varios conflictos históricos e introduciendo cambios de perspectiva. Según la poética clásica, un cuento debe contarse desde un solo punto de vista, pues no tiene ni el espacio ni las estructuras para modificar su perspectiva, como sí lo puede hacer la novela. "Canciones para el incendio" comienza de manera autoficcional para luego asumir dos puntos de vista distintos. El hecho de inventar la estrategia para que todo eso funcionara fue un acto de rebeldía contra el cuentista clásico que escribió *Los amantes de Todos los Santos*.

VI.
Volver la vista atrás y la lectura de la vida ajena

Sin duda, 2021 se grabará en la memoria de Juan Gabriel Vásquez como el año en que por fin acabó llevándose el Premio Bienal de Novela Mario Vargas Llosa. Tras quedar finalista en 2014 y 2016 con *Las reputaciones* y *La forma de las ruinas* respectivamente, en septiembre de 2021 el escritor colombiano recibe en Lima el galardón por *Volver la vista atrás*. En Europa los reconocimientos tampoco se hacen esperar: en Francia la obra es distinguida con el Prix Littéraire de Livres Hebdo a la mejor novela extranjera (2022) y en España con el Premio de Novela Europea Casino de Santiago (2023).

La novela de cuatrocientas setenta y cinco páginas, publicada en diciembre de 2020 en Colombia y en febrero de 2021 en España, cuenta algunas etapas cruciales de la intensa vida del cineasta colombiano Sergio Cabrera. Siendo a la vez crónica familiar de los Cabrera y *bildungsroman* de Sergio y su hermana Marianella, el relato real se reparte entre tres continentes, lo cual no solo le permite a Vásquez revisitar algunos de los escenarios que marcaron su propia vida y obra, entre ellos Barcelona y París, sino descubrir espacios nuevos, tales como la República Dominicana de Trujillo y, ante todo, la China de Mao. Más que nada, el novelista aprovecha aquí la historia de los Cabrera para entrelazar algunos de los grandes conflictos del siglo veinte, desde la Guerra Civil española y el exilio republicano a América hasta la Revolución Cultural en China y el florecimiento de las guerrillas latinoamericanas.

En las partes de la obra que se sitúan en Colombia, Vásquez confirma su determinación de iluminar los episodios oscuros de la historia nacional. La novela parte de 2016, año de los polémicos acuerdos de paz entre el gobierno de Juan Manuel Santos y las Fuerzas Armadas Revolucionarias de Colombia-Ejército del Pueblo (FARC-EP), y nos lleva de vuelta a los sesenta y setenta, cuando tanto Sergio y Marianella como sus padres Fausto y Luz Elena se incorporan a la guerrilla del Ejército Popular de Liberación. El vaivén entre presente y pasado, los choques entre la historia y el individuo y las tensas relaciones familiares hacen de *Volver la vista atrás* un libro profundamente vasquiano.

¿Qué significó para ti recibir un premio tan prestigioso de las manos del mismísimo Mario Vargas Llosa?
Fue una gran satisfacción por varias razones: compartir una lista con colegas que quiero y admiro, el jurado que escogió el libro y el nombre que lleva el premio. La obra de Vargas Llosa tuvo una influencia enorme en mi idea de lo que hacen las novelas: la novela no como huida del mundo, sino como intervención y exploración del mundo. Pero casi diría que fue todavía más importante para mi vocación su manera de asumir el oficio de novelista. En *La orgía perpetua*, en *El pez en el agua* y en docenas de ensayos y entrevistas, Vargas Llosa transmite una idea del oficio que pasa por la disciplina, la consagración total, el sacrificio de todo lo que estorbe a la escritura, la construcción de una vida donde la literatura sea el centro. Ese ejemplo fue definitivo para mí.

La figura principal de *Volver la vista atrás* es el cineasta Sergio Cabrera. ¿Cómo entraste en contacto con él?
Nos conocimos a principios de siglo, hacia 2005. Durante esos años de mi vida en Barcelona nos encontramos en eventos con artistas colombianos, uno de ellos en Londres en 2007, si no estoy mal. Así fuimos desarrollando una amistad distante hasta que yo volví a Colombia en 2012. Sergio había regresado unos años antes. Vivíamos muy cerca y teníamos amigos en común, de manera que empezamos a vernos con cierta regularidad. Fue en reuniones sociales, con una copa de vino, que la conversación iba saliendo espontáneamente. Y en una de esas conversaciones, en algún momento, Sergio decía: «Ah, sí, eso me recuerda los meses en que fui guardia rojo de Mao». Y ahí, claro, todo se paralizaba, la charla cambiaba completamente de foco y sus anécdotas la dominaban.

Y allí intuiste que la suya era una vida de novela…
Sergio es una persona tremendamente tímida, y esas anécdotas me permitían pensar que detrás de su fachada visible se escondía una experiencia impresionante. Uno de esos días le dije: «Me gustaría saber más». No sé por qué, llamémoslo instinto. Así comenzamos a hablar, todavía de manera informal. En ese momento, a él le llegó una propuesta de una productora de cine china. Le pidieron que imaginara una historia

de ficción basada en sus años en China para convertirla eventualmente en una película. Lo primero que hizo Sergio fue pedirme que inventara la historia. Este fue el primer objetivo claro con el que nos sentamos, grabadora de por medio, para hablar de su vida. Escribí el argumento, ese momento del desarrollo de un guion que consiste en contar una historia en cuatro páginas en prosa, sin ningún adorno. Creé la historia de un libretista de televisión colombiano que es invitado a China para enseñarles a los chinos a escribir telenovelas. Estando allá, su padre muere en Colombia, y el libretista usa el pretexto de la estancia en el país asiático para no ir al entierro. Era una estrategia narrativa que permitía sembrar un conflicto para explorarlo después en la historia. Escribí este argumento en el año 2014...

...**y dos años después, en 2016, el padre de Sergio, el actor Fausto Cabrera, muere de verdad.**
Sí, y en aquel momento Sergio estaba en Lisboa. Le escribí un WhatsApp para decirle que sentía mucho la muerte de su padre. Se demoró tres o cuatro días en contestarme, y eso era raro. Cuando apareció, me dijo: «Siento mucho haberme tardado tanto en responder, pero he estado muy impresionado en estos días, porque mi comportamiento ha sido exactamente el que tú escribiste en tu argumento de hace dos años, Es muy curioso cómo la realidad imita la ficción».

En *Volver la vista atrás* cuentas que Cabrera, en efecto, decidió no ir al entierro de su padre con el pretexto de asistir a una retrospectiva de sus películas en Barcelona, y este episodio real terminaría siendo el punto de partida de la novela. Digo terminaría siendo porque tuvieron que pasar otros cuatro años para que te pusieras a escribir.
Durante los siete años de mis conversaciones con Sergio, en concreto desde 2013, fui recopilando información, grabando charlas, pero en el fondo nunca tuve la certeza total de si ese libro se iba a escribir. Fue un proceso que ocurría en una autopista paralela, que no tenía comunicación con la escritura real de *La forma de las ruinas*, *Viajes con un mapa en blanco* y *Canciones para el incendio*. Lo iba llevando a cabo por terquedad, porque me parecía que ya había invertido muchas horas en esto, así que tenía que llevar el asunto hasta el final. Pero siempre me causó unas dudas terribles. No estaba seguro de que hubiera un libro allí: si lo había, no sabía si valía la pena contarlo, y si valía la pena contarlo, no sabía si meterme en el lío de novelar una vida en la guerri-

lla, pues era algo que podía causar bastantes incomodidades en un país tan complicado y lleno de odio como lo es Colombia. Además, mientras yo estaba hablando con Sergio de su pasado como guerrillero, en el país se realizaban las negociaciones de paz, y la sociedad colombiana acabó totalmente polarizada. Así que fui perdiendo entusiasmo y el libro se fue quedando aparte.

¿Qué hizo que finalmente te decidieras a escribirlo?
La cosa se desencadenó a principios del año 2020. En ese momento, esto era todo lo que había del libro: un mar de incertidumbres, un entusiasmo perdido y veinte páginas que para mí no servían. Pero los dioses mensajeros de la literatura me trajeron un mensaje en forma de mi colega Santiago Gamboa. Santiago es muy amigo de Sergio y habían estado viajando juntos en octubre de 2019 por la zona cafetera de Colombia. Durante el viaje, Sergio contaba sus historias de su vida como guerrillero en la selva. Después de eso, Santiago llamó al editor de él y yo en Colombia y le dijo: «Voy a escribir un libro sobre Sergio Cabrera». Nuestro editor no sabía nada de mi proyecto. Se entusiasmó mucho y llamó a Pilar Reyes, la directora editorial de Alfaguara en Madrid, para decirle que Santiago iba a escribir un libro sobre Sergio Cabrera. Pilar es mi editora desde hace veinte años, pero además es mi amiga, y sabía de mi proyecto. Así que le dijo: «Es imposible, porque Juan Gabriel lleva siete años trabajando en ese libro». Santiago, de manera muy caballerosa, abandonó el proyecto y puso a mi disposición todo lo que había investigado. Esa situación fue la que me impulsó a volver al libro. Creaba la obligación de descubrir si existía un libro allí, y si no lo había, dejárselo a Santiago, que también estaba interesado en él.

Pero fuiste tú el que terminó escribiendo el libro. La fluidez con que se dejan leer las casi quinientas páginas de *Volver la vista atrás* me hizo sospechar que en esta ocasión la búsqueda de la forma y el proceso de escritura fueron menos arduos que de costumbre. ¿Es una impresión correcta?
La búsqueda de la forma fue tremendamente ardua, hasta que la encontré. Desde aquel momento fue como subirme en una canoa que avanza sola sobre la corriente. Algo así no me pasaba con mis otros libros, cuyo proceso de escritura siempre iba acompañado de una incertidumbre constante sobre el andamiaje, sobre los momentos en que era útil apare-

cer como narrador para contar la historia del propio libro que estamos leyendo. En esta novela, a partir del descubrimiento de ese narrador que escucha y organiza sin intervenir, todo anduvo con una fluidez que yo nunca había conocido. Esa suerte de trance en que escribí *Volver la vista atrás* también tenía que ver con mis circunstancias personales. A finales de enero de 2020, después de aquella conversación con Gamboa, empecé a escribir algunas páginas que ya tenían un cierto carácter definitivo. Me las llevé en un viaje a Portugal, en el cual escribí muchas más. Al volver seguí escribiendo, pero de ese viaje también me traje la infección del coronavirus. Mi propia enfermedad, unida a la cuarentena que comenzó dos o tres semanas después en Colombia, lo cambió todo. Me generó un aislamiento radical y una sensación de concentración tremendamente potente que nunca había sentido antes. A eso también responde la rapidez con que escribí esta novela. La hice en días de doce, catorce horas de trabajo. Así fue como llegué a escribir cuatrocientas ochenta páginas en nueve meses. La situación social que estábamos viviendo —la pandemia, la cuarentena y mi propia enfermedad— me obligó a aislarme y me quitó el entusiasmo por ver gente. Fueron condiciones muy especiales.

Como acabas de contar, detrás del libro se esconde una larga historia: tu amistad con Cabrera, las dudas que te causó el proyecto, la situación delicada con Gamboa, la escritura en tiempos de covid-19. En varias novelas anteriores —*Los informantes*, *El ruido de las cosas al caer*, *La forma de las ruinas*— el *making of* y los encuentros y desencuentros entre el yo narrador y sus personajes formaban parte plena de la intriga. Esta vez, en cambio, decidiste no incluir la historia detrás del libro. ¿Por qué?
Primero, por no repetirme, porque trato que cada libro sea una especie de revolución contra el anterior. Pero la razón más importante es que en algún momento de los primeros meses de escritura comprendí que la estrategia que le convenía a *Volver la vista atrás* era una desaparición casi total del narrador. Uno de los grandes temas de la novela es la educación ideológica y sentimental de Sergio y Marianella, y la única manera de contar eso era metiéndome en la sensibilidad de esos personajes y viendo el mundo desde ellos. Para conseguirlo yo tenía que desaparecer como crítico y comentador, dejar que el libro se contara a sí mismo a través de la conciencia y experiencia de sus personajes. Como un narrador flaubertiano, ¿no? Flaubert dice: «El artista debe ser

como el Dios de la creación: está en todas partes, pero no se le siente en ninguna».

De hecho, esa estrategia narrativa se anuncia desde la primera frase: «Según me lo contó él mismo, Sergio Cabrera llevaba tres días en Lisboa cuando recibió por teléfono la noticia del accidente de su padre». El epílogo comienza con la misma fórmula —«Según me lo contó él mismo»—, pero, fuera de eso, la primera persona del narrador no se explicita en ningún otro momento de la novela. De modo que solo se asoma dos veces, y ni siquiera en posición de sujeto, sino de objeto indirecto, de destinatario de la historia. Me parece que esta fórmula aparentemente sencilla encierra toda una visión sobre el arte de escuchar y narrar. ¿Hasta qué punto *Volver la vista atrás* difiere en ese sentido de tus novelas anteriores?

Es una manera de delatar la presencia de un testigo, de un escucha: "Esta historia que va a leer no está sucediendo ante sus ojos, como sucede en *La guerra y la paz* o *Cien años de soledad*. Esta historia tiene una conciencia central que organiza el material para entregárselo a usted, lector". Es como una declaración de principios que también tiene como intención recordarle, de manera indirecta y ambigua, que se trata de la historia real de la vida de alguien que existe y con quien el narrador tuvo contacto. Todo esto implica un desplazamiento ligero pero dramático con respecto a la tercera persona de *Las reputaciones*, que, por ejemplo, sí es una novela que te pide creer que está sucediendo frente a tus ojos. En cambio, *Volver la vista atrás* te pide que recuerdes todo el tiempo —mientras estás viendo el mundo a través de la conciencia de Sergio y Marianella Cabrera— que hay un recopilador que está organizando el material. Supone un equilibrio muy delicado entre reconocer la presencia de una conciencia que ordena el relato e intentar que esta conciencia no intervenga, sino más bien que se funda en un acto de imaginación moral.

El relato de los Cabrera te obligó a acercarte a la China de la Revolución Cultural, un mundo complejo que —imagino—había sido una zona oscura para ti. ¿Cómo te fuiste familiarizando con esa realidad tan distante?

Fue difícil. Contaba con la prodigiosa memoria de Sergio y con dos visitas a Pekín y Shanghái, una de ellas antes de tomarme en serio el proyecto del libro y otra cuando ya estaba firme en mi cabeza. La observación y la recopilación de apuntes e información de esos dos viajes fue muy útil. Aparte de eso, el ejercicio de imaginación fue sumamente exigente. Pasó por la investigación documental y por la lectura de novelas —de Mo Yan, por ejemplo— y libros de no ficción sobre la Revolución Cultural. Pero siempre traté de fijar mi punto de vista en la conciencia y sensibilidad de los personajes, en ver la China que ellos estaban viendo. Los del libro no son pasajes sobre la China de los años sesenta. Son pasajes sobre la China de los años sesenta tal como la entendieron Sergio y Marianella Cabrera.

Excepción hecha de algunos saltos al presente, tu novela se centra en la historia familiar de los Cabrera y en la juventud y adolescencia de Sergio y Marianella. La obra nos cuenta muy poco de Sergio Cabrera como cineasta y de sus éxitos, como *La estrategia del caracol*, cinta en la que participó su padre. En este sentido, *Volver la vista atrás* me recordó a *Vivir para contarla*, la autobiografía de García Márquez que solo se centra en su familia y sus años de formación, y termina cuando apenas empieza a perseguir su vocación de escritor. No sé si García Márquez tenía la intención de agregar otros tomos a sus memorias, pero de algún modo me gusta que no lo haya hecho. De esta forma, al limitarse a recordar la ascendencia y la adolescencia, *Vivir para contarla* y *Volver la vista atrás* nos sugieren que basta con eso, porque es en aquellos momentos cuando se determina el sentido de una vida.

Justamente por eso defiendo la idea de que *Volver la vista atrás* no es una biografía. Es que el libro no tiene ninguna pretensión de ser exhaustivo, como tiene que ser una biografía. Por cierto, García Márquez sí quería escribir un segundo y tercer volumen de sus memorias, pero no lo hizo, en primer lugar por razones de salud, pero también porque se dio cuenta de que el segundo volumen iba a ser un inventario de nombres famosos, que solo se podía leer como un ejercicio de arrogancia y *namedropping*. Pero estoy de acuerdo contigo: es muy bella la idea de que los años de formación contienen, como una cápsula, la vida entera. Mi intención nunca fue contar una vida. Mi intención fue contar la historia de una transformación ideológica. Tú sabes bien que mi gran obsesión es narrar este espacio en que la historia moldea nuestras vidas íntimas. Durante las conversaciones con Sergio yo pensaba: "Estoy hablando con un libro mío". Todo lo que estaba oyendo era lo que había tratado de averiguar en mis libros: ¿cómo la historia, la política, las ideologías, los grandes movimientos sociales, van transformando nuestras vidas privadas?

Sí, pero veo una diferencia: en tus novelas anteriores los personajes tratan de escapar, en vano, de esas fuerzas históricas y políticas. En cambio, a Sergio y Marianella les mueve la voluntad de participar en el proceso histórico.

Es verdad y esa es una distinción muy interesante. Sin embargo, creo que uno de los grandes temas de *Volver la vista atrás* es el cuestionamiento de la idea de que nosotros decidimos nuestras vidas. Me interesaba explorar cómo nuestras decisiones son producto de fuerzas psicológicas y mitologías familiares y sociales que no entendemos. Por eso la novela incluye el pasado del padre de Sergio y de su tío Felipe: con ello podía examinar la idea de que una decisión que tomamos a nuestros diecinueve años pudo, en realidad, comenzar a gestarse veinte años antes de que naciéramos. Cuando Sergio entra a la guerrilla en 1969, esa decisión solo en parte la toma él; en parte también la tomó su tío Felipe cuando se rebeló contra Franco; otra parte la tomó la mitología de la familia cuando escogió estas palabras para su escudo: «Vive la vida de suerte que viva quede en la muerte». Es decir: trata de vivir una vida heroica, histórica. Este eslogan pesa en la conciencia del joven Sergio. Sus decisiones son el producto de un largo proceso familiar, emocional, político, que él ha heredado sin darse cuenta.

El peso de la mitología familiar y el adoctrinamiento ideológico en los jóvenes Sergio y Marianella es tanto que incluso los lleva a sacrificar el descubrimiento del amor. Es muy duro este choque entre el compromiso revolucionario y el deseo propio.

Me parece tremendamente duro el examen que hace la novela de esa presencia de la historia y la política en nuestras vidas privadas. Esa fue una de las razones por las que la novela comenzó a crecer en unos niveles que yo no me imaginaba. Cada vez más fui descubriendo estas grandes metáforas que la vida de Sergio me entregaba, y de las cuales él ni siquiera era consciente. Por ejemplo, en octubre de 2016 empecé a darme cuenta de esa extraña coincidencia en todas sus crisis: su crisis personal con su esposa, su crisis familiar con la muerte de su padre y su crisis como ciudadano colombiano con el referendo en que se rechazaron los acuerdos de paz. En ese mismo momento lo invitan a una *retrospectiva* de sus películas en Barcelona, lo que evidentemente implica mirar hacia atrás. Es decir, la metáfora era una cosa que uno no hubiera podido inventar mejor. Así, el libro se convirtió en la lectura de una vida ajena que iba más allá de lo que Sergio me estaba contando. Me correspondía a mí observar a Sergio con detenimiento y estar atento a los patrones de comportamiento que había tenido sin que él mismo se percatara. Por eso también defiendo la idea de este libro como una novela, en el sentido de que lo que hice fue un ejercicio de interpretación de otra persona.

Y así entra otra preocupación muy tuya: la memoria. Sin embargo, en esto también veo una perspectiva distinta: mientras que en *El ruido de las cosas al caer* los recuerdos surgen proustianamente, a partir de percepciones sensoriales, *Volver la vista atrás* nace de un acto de memoria voluntaria por parte de Cabrera.
Sí, en *Volver la vista atrás* hay una voluntad de recordar para reconstruir y examinar. Por eso la novela está armada a partir de un momento presente, un momento de crisis que obliga al personaje a hacer un inventario de su vida para tratar de saber cómo llegó hasta allí. En el año 2016 tiene la sensación de que su vida se cae a pedazos, y en ese momento lo invitan a una retrospectiva. Lo que hago es usar la coincidencia de las crisis para fingir, en el sentido etimológico de la palabra, un acto de memoria, es decir, para modelarlo. Desde luego, yo no sé si Sergio pasó los días en Barcelona recordando toda su vida. Esa es mi interpretación novelística de su situación. Allí intervienen los mecanismos de la ficción que sacan a la superficie el valor de su experiencia. Además, en Barcelona se encuentra con su hijo Raúl, de dieciocho años, de manera que hay una transmisión de la memoria. En este caso, la vida de Sergio también me dio todas las estructuras y metáforas que necesitaba, solo había que ver los patrones. Cuando yo se lo comentaba a Sergio, resultaba que él no se había dado cuenta de todas esas secretas *figures on the carpet* que su vida había producido.

¿Para ti son igual de valiosas ambas modalidades de la memoria, la voluntaria y la involuntaria?
Claro, una posibilidad sería la idea de Proust de que la memoria está muy escondida en los pliegues de nuestra conciencia y que solo se puede rescatar de una manera casual: un sabor o un olor que te permite acceder a recuerdos que, de otra forma, serían inaccesibles. Las tres mil páginas de *En busca del tiempo perdido* también tratan de eso, de la

posibilidad de que estas tres mil páginas nunca se hubieran producido. Si él no se come una magdalena, no hay nada. En *Volver la vista atrás* hay un acto voluntario de memoria: en la novela está transformado en un fin de semana que pasan los personajes en Barcelona, pero eso era lo que yo estaba viviendo todos los días durante mis conversaciones con Sergio. Siempre me ha parecido un espectáculo maravilloso la escena de una persona que se sienta, con una taza de café en la mano, con la tarea de recordar cosas para que otro las convierta en algo permanente, tan permanente como puede ser un libro. Es admirable, se necesita mucho coraje. En este caso era doblemente conmovedor, porque eran cosas que Sergio y Marianella se habían pasado la vida tratando de olvidar. En especial Marianella, que vivió todo eso con mucho trauma. Fui la primera persona a la que le contó su historia.

Pero si pasaste tanto tiempo escuchando sus historias y dándoles forma, me imagino que fue también porque, de alguna manera, te reconociste en ellas. ¿Hasta qué punto la novela es, también, autobiográfica?
El libro es inseparable de mi propia evolución como ciudadano colombiano que es testigo de las negociaciones de paz, de la frustración que sentíamos todos los que defendimos el proceso. A lo largo de nuestro gran debate nacional, muy polarizado y agresivo, yo me iba dando cuenta de que lo que estaba haciendo la sociedad colombiana era negociar una versión del pasado. Cada lado político contaba su historia, que era completamente irreconciliable con el relato que el otro lado daba de los mismos sucesos. Era un país dividido a lo largo de fronteras narrativas. Y esto, que para mí era fuente de mucha preocupación, también me parecía profundamente fascinante como narrador. En *Volver la vista atrás* quise poner en palabras, de una manera más consciente, una idea que siempre he tenido: la ficción es el lugar donde damos entrada a todas las versiones, a todos los relatos de nuestro pasado. Ninguna otra manera de explorar el territorio del pasado nos lo revela como lo hace la ficción.

VII.
Los desacuerdos de paz, Cuaderno de septiembre y el peso de las palabras

Si *Volver la vista atrás* se deja leer como la respuesta novelística —es decir, ambigua, compleja, poliédrica— de Juan Gabriel Vásquez al conflicto interno colombiano y a la ardua búsqueda de la paz, en sus escritos periodísticos se puede evidenciar una postura clara frente a tal coyuntura: la defensa de las negociaciones y de los acuerdos de forma inequívoca. El volumen *Los desacuerdos de paz. Artículos y conversaciones (2012-2022)*, publicado en 2022, recopila una década de tomas de posición en el debate más crucial (y por lo mismo más acalorado) de la Colombia contemporánea. Además de columnas originalmente publicadas en *El Espectador, El País* de España y *The Guardian* —entre otros diarios—, el libro retoma conversaciones con el expresidente y premio Nobel de Paz, Juan Manuel Santos, el jefe del equipo negociador, Humberto de la Calle, y la escultora Doris Salcedo.

Cronológicamente organizados, los artículos dan testimonio del dificultoso y delicado proceso de paz: desde el inicio de las negociaciones en 2012 en Oslo al primer acuerdo de septiembre de 2016; desde el rechazo a ese primer acuerdo en el referendo de octubre de 2016 a la firma en noviembre del mismo año; desde la elección en 2018 de un presidente, Iván Duque, escéptico con los acuerdos, a los comicios de 2022, que terminaron instalando a un presidente convencido de la necesidad de una «paz total», Gustavo Petro. Acaso la publicación de *Los desacuerdos de paz* representa la reconciliación definitiva de Vásquez con esa otra cara suya, la que muchos definirían como la del intelectual público, de temperamento opuesto al del novelista; una reconciliación que se ve confirmada por el hecho de que aceptara, años después de haberla tenido en *El Espectador*, una columna fija en *El País* de España.

El otoño de 2022 trae dos distinciones prestigiosas y una publicación inesperada. Siguiendo la estela de, entre otros autores, George Steiner, Martha Nussbaum, Mario Vargas Llosa y Ali Smith, en octubre Vásquez ocupa el puesto de Weidenfeld Visiting Professor in Comparative European Literature en la Universidad de Oxford, y al mes siguiente es incluido en el programa de escritores extranjeros de la Royal Society of Literature. Mientras tanto, la editorial madrileña Visor publica su primer poemario, prologado por el poeta español Luis García Montero. En claro contraste con la imagen del intelectual público de firmes convicciones, *Cuaderno de septiembre* nos devela una voz íntima, un lirismo que tiene como punto de partida su relación amorosa —aunque asumida desde su dimensión metafórica— y un temperamento vulnerable.

En 2014 te despediste como columnista semanal de *El Espectador*, más que nada para poder concentrarte mejor en la escritura de tus novelas. Sin embargo, nunca has dejado de opinar con regularidad en medios de Colombia y el mundo, y ahora has aceptado una columna semanal para *El País* de España, que alterna entre la edición colombiana y la edición española del periódico. ¿Qué hizo que no te alejaras totalmente del debate público?

Dejé la columna en *El Espectador* con la idea de que el género de la novela permitía explorar la realidad colombiana de manera mucho más abarcadora. Estaba corriendo el riesgo de que mi presencia pública reemplazara mis novelas, que son lo que me importa. Lo que pasó es que la realidad colombiana es muy terca. En 2016 ocurrieron varias cosas: el desarrollo del debate colombiano, la inmensa cantidad de mentiras que lanzaban los enemigos de los acuerdos de paz, la zozobra que estaba viviendo el país... Todo eso, de alguna manera, me obligó a volver a participar en la conversación pública. En los meses previos y posteriores al referendo publiqué tres columnas grandes al mes. Desde entonces he seguido opinando de manera esporádica, porque eso forma parte de mis preocupaciones. Pero sí fue un poco como la mafia para Michael Corleone: yo pensaba que estaba fuera, *but they pulled me back in*.

En repetidas ocasiones tus columnas han provocado polémicas y reacciones, a veces incluso por parte de políticos u otros opinadores. Por ejemplo, Yezid Arteta, columnista de la revista *Cambio*, dijo en 2024 que cuando escribiste para *El País* de España sobre la implementación de los acuerdos de paz estabas confundiendo «la realidad colombiana con la ficción». ¿Cómo asumes este tipo de respuestas? ¿Te suscita alguna satisfacción que haya respuestas y miradas opuestas frente a tus textos de opinión?

A nivel privado me ha generado cierta sorpresa, y es que disfruto mucho la confrontación. Me he descubierto un cierto temperamento beligerante cuando las cosas me importan y cuando noto en la contraparte del debate un cierto cinismo y una cierta deshonestidad. Pero a un nivel menos personal esto tiene como efecto esa noción de responsabilidad. Saber que la gente que tiene poder me lee y se ve afectada quiere decir que estoy haciendo las cosas bien. Quiere decir, además, que desafortunadamente debo seguir escribiendo las columnas por una suerte de deber que yo nunca he creído que tengan los novelistas. De alguna manera es una herencia de esa generación del *boom* latinoamericano en la que todavía estaba muy viva la idea del intelectual público.

Ni tus intervenciones ni las de muchos otros defensores de la paz pudieron impedir que los primeros acuerdos fueran rechazados en el referendo. ¿No conllevó una decepción el hecho de que una columna bien pensada y escrita tuviera poco poder frente a la propaganda que circula en las redes sociales?
Sí, una decepción por la *naïveté* de pensar que una columna puede cambiar el destino de una sociedad. La gran revelación del referendo fue que si una opinión más o menos informada y desarrollada en frases y párrafos tuviera realmente algún impacto, el Sí hubiera ganado. Porque el noventa por ciento de los que opinaban en la prensa colombiana apoyaban la paz. La conclusión es que una columna de opinión tiene muy poco peso en los resultados tangibles. ¿Quiere decir esto que no valga la pena escribirla? No. Sigue valiendo la pena, porque esta opinión igual está formando la percepción del mundo de muchas personas. Pero fue una revelación un poco dolorosa: la columna sigue siendo importante para mucha gente, pero esta gente no va a ser nunca la mayoría.

Sin embargo, tú no te desalentaste. Al contrario, decidiste juntar tus artículos en *Los desacuerdos de paz*, un libro que puede leerse como un alegato a favor del periodismo de opinión y que, al mismo tiempo, podría convertirse en un documento de época, el testimonio de un momento clave en la historia contemporánea de Colombia.
El lugar común dice que el periodismo es el primer borrador de la historia. Los primeros textos de este libro tienen ya diez años. El comienzo de las negociaciones de paz en el año 2012 ya forma parte de la historia colombiana. En aquel momento había una generación entera de colombianos que eran niños, que no se enteraban de lo que pasaba, y que hoy, en cambio, son adultos políticamente activos. Esa fue una de las razo-

nes por las que quise recopilar todo lo que he escrito sobre la paz en una década: había toda una generación de adultos recientes que iban a votar por primera vez en las elecciones presidenciales de 2022 y yo quería, en la medida de lo posible, que su voto también estuviera informado por esos diez años de nuestra relación como sociedad con el fenómeno de la paz; con las negociaciones, los acuerdos —los renegociados y aprobados [en noviembre de 2016—, el plebiscito fracasado y todo lo que estábamos tratando de hacer para implementar los acuerdos, para que la paz fuera algo real. Esto se ha convertido para mí en una obsesión y le dedico más horas de las que debería: la defensa de los acuerdos y de nuestro derecho a que no haya sabotajes por parte de los sectores políticos que ven la paz como algo problemático. Parte de esa misión en la que estoy es darles a los más jóvenes una comprensión de lo que pasó antes de que lo pudieran entender.

¿Y has entrado en contacto con lectores jóvenes?
Sí, y más de una vez he visto que ese esfuerzo valió la pena. Más de una vez me he encontrado con chicos que me dicen: «Yo me he enterado de lo que pasó con este libro». Porque vienen de familias probablemente poco políticas, o familias que estaban abiertamente en contra de los acuerdos, y ya los jóvenes tienen otras actitudes e informaciones.

¿Piensas que la elección de Gustavo Petro en las presidenciales de 2022 puede interpretarse como un triunfo de los acuerdos, comparándola con la elección de Iván Duque en 2018 y pensando, precisamente, en la participación de los jóvenes?
En buena parte sí. Creo que en esos seis años, desde la victoria del No en el plebiscito a las últimas elecciones, hubo un cambio muy importante en la opinión pública. El plebiscito se perdió, entre otras razones, por la campaña de calumnias, mentiras y distorsiones que llevaron a cabo los enemigos de los acuerdos. Existe una estadística que dice que el 35% de los votos del No se basó en alguna de las muchas mentiras: la gente votó para que Colombia no se convirtiera en otra Venezuela; para que la familia cristiana no se viera atacada, y había un sector de la derecha evangélica colombiana que convenció a la gente de que la aprobación de los acuerdos iba a tener como consecuencia que todos nuestros hijos fueran gays. Mucha gente votó convencida de eso. Seis años después, ¿qué tenemos? La realidad se ha encargado de probar que todo aquello era falso: no nos hemos convertido en otra Venezuela, no está bajo ataque la familia cató-

lica, no ha desaparecido la propiedad privada. En cambio, se han visto los beneficios de los acuerdos en los lugares donde se han implementado con seriedad. Son evidentes los beneficios de que los culpables de crímenes durante veinte, treinta o cuarenta años lo reconozcan, pidan perdón, se arrepientan en público. Por todo eso la opinión colombiana ha ido cambiando lentamente. Si hace seis años éramos una minoría los que defendíamos los acuerdos y recibíamos ataques e insultos por eso, hoy somos mayoría. Y esa mayoría es la que eligió entre un candidato presidencial que iba a recibir todo el apoyo de los enemigos del Sí —Rodolfo Hernández— y un candidato —Gustavo Petro— que toda la vida ha defendido los acuerdos con un compromiso claro.

Y que además tiene un pasado como guerrillero.
Petro fue miembro de una guerrilla que hizo la paz. Su movimiento desmovilizado lleva treinta años haciendo política en paz. Es un ejemplo de éxito de la paz. Yo creo que la gente se daba cuenta de los beneficios de la paz tenía dos opciones electorales y votó por la que iba a defender más claramente los acuerdos.

Y eso fue una sorpresa, ¿no?
Por un lado, siempre me pareció que la mayoría de este país, que es profundamente conservador, no estaba con Petro. Y es verdad. Lo que pasa es que la derecha se dividió y los resultados de la primera vuelta de las elecciones dieron como ganador a Petro, con un 40%, pero los porcentajes sumados de los dos movimientos de derecha le hubieran ganado. De manera que yo no era optimista en este sentido. Además, mi candidato tampoco era Petro. Era Sergio Fajardo, que representaba un movimiento de centro, pero que tenía un programa claramente progresista, muy parecido al de Petro en muchas cosas. Simplemente creo que hubiera sido mejor en muchos sentidos. Pero fracasamos estrepitosamente. Para resumir: con mi candidato fuera de la contienda, me pareció que Petro era mejor que su contendiente. Aunque siempre he sido muy crítico de él, y ahora mismo lo soy más, porque veo en su primer periodo de gobierno errores crasos, improvisaciones, incompetencias y una política de paz —la «paz total», la ha llamado él— que distorsiona lo conseguido con los acuerdos del Teatro Colón. La paz con las FARC reconocía la necesidad de encontrar una salida política a un problema político. La «paz total» de Petro invita a negociar a delincuentes comunes, a narcotraficantes, a bandas criminales. Veo muchos peligros en

eso. El tema es demasiado largo para tratarlo aquí, pero no estoy de acuerdo con lo que el gobierno Petro está tratando de llevar a cabo.

Al leer el prólogo y el epílogo de *Los desacuerdos de paz* pensé que este nuevo libro hace juego con *Las reputaciones*, en el sentido de que en *Los desacuerdos de paz* planteas, desde el periodismo y el ensayo, cuestiones que años atrás habías explorado desde la ambigüedad de la novela. Al fin y al cabo, el caricaturista Mallarino, protagonista de *Las reputaciones*, también lidia con los riesgos y responsabilidades inherentes al periodismo de opinión.

Estoy muy de acuerdo contigo. De cierta manera, hay pasajes en *Los desacuerdos de Paz* que, desde el periodismo, son una exploración de los mismos temas que *Las reputaciones* abordó desde la ficción. Y no me había dado cuenta: se necesita que venga un lector como tú para verlo. El prólogo y el epílogo de *Los desacuerdos de paz* tratan de enmarcar el problema colombiano en un contexto mundial, que es nuestra relación con la verdad: ¿qué le ha pasado al concepto de verdad en estos últimos años y qué implica escribir opinión en momentos en que la realidad no parece ser la misma para todo el mundo?

En los agradecimientos de *Los desacuerdos de paz* reciben una mención especial los caricaturistas y humoristas colombianos. Según dices, en los últimos años varios de ellos han sufrido ataques y amenazas. ¿Cuál es el lugar de la sátira en nuestro mundo contemporáneo, si es que queda alguno?

En Colombia la sátira ha sido y sigue siendo un mecanismo de defensa potentísimo. Durante el gobierno de Iván Duque surgieron una cantidad de espacios donde la sátira fue el medio principal que teníamos los colombianos para comentar la realidad. Programas en YouTube, como el de Daniel Samper Ospina, son nuevas encarnaciones de la caricatura, que siempre ha sido una gran tradición colombiana. Y los caricaturistas han seguido haciendo su trabajo: Vladdo, Matador, que fue justamente uno de los que recibió amenazas de muerte y tuvo que llevar guardaespaldas y chaleco antibalas durante un tiempo, esas cosas tan nuestras...

Tan suyas, pero también tan nuestras: en Europa tuvimos la controversia a raíz de las caricaturas de Mahoma en el *Jyllands-Posten* de Dinamarca, el atentado contra *Charlie Hebdo* en Francia, el asesinato del maestro Samuel Paty, también en Francia...

Claro. Creo que esto sigue muy vivo. De alguna forma, el clima social va perdiendo la capacidad para el humor, para la comprensión de la ironía. Es lo que pasa en las redes sociales. En esto ellas constituyen un terreno que se parece mucho al absolutismo. Allí más bien leemos el mundo de un modo siempre literal y siempre enfadado. Creo que ese clima, en lugar de hacer que desaparezca la actitud satírica ante el mundo, más bien la va apuntalando, va confirmando lo necesaria que es como manera de explorar la realidad.

Esa es una reacción posible, y muy valiente, pero supongo que también hay quienes se autocensuran por miedo a herir las muchas sensibilidades de nuestro mundo actual.

Es un gran problema que está muy presente en la conciencia de cualquier persona que opine en público. Los mecanismos de las redes sociales son tan irracionales que han facilitado un inmenso silenciamiento de las opiniones que no nos gustan. Una de las razones de esto es que los algoritmos privilegian las opiniones más agresivas, y las opiniones más moderadas, en cambio, no reciben atención. Estamos en una economía de la atención. Si quieres ganar atención, tienes que insultar. Eso activa engranajes muy perversos de silenciamiento de las opiniones que no nos gustan. Lo han sufrido los caricaturistas, los que hacen sátira en Colombia, los que hacemos opinión. Al final, el truco para no ser silenciado es muy sencillo: si no estás en redes sociales no sufres esa censura. Es la perversidad del mecanismo: basta con salirse de allí para volver a opinar con libertad. En mi caso, como nunca he estado en redes, tengo una relación distinta con mi trabajo como columnista. Nunca he pasado por la censura.

Pero una columna tuya puede compartirse fácilmente a través de las redes.

Sí, pero yo no me entero. Y como no me entero, no tengo la tentación de la autocensura. Estoy absolutamente seguro de que mis opiniones disgustan a muchos y de que en algún rincón de las redes sociales están haciendo efigies mías y las están quemando virtualmente. Pero no me toca, y así estoy a salvo de ese peligroso fenómeno psicológico de la autocensura. En el momento en que me doy cuenta de que dejo de decir algo por miedo a la censura, ahí es cuando creo que está ocurriendo algo muy grave en mi mundo.

En 2021 volviste a ocupar un espacio como columnista fijo, ya no en *El Espectador* sino en *El País* de España. ¿Cómo comenzó ese compromiso?

Empezó como una colaboración quincenal en *El País* de España. Es algo que me alegró mucho, porque tengo una relación emocional fuerte con España y porque *El País* no solo ha sido parte de mi educación durante un cuarto de siglo, sino que además me parece uno de los mejores periódicos del mundo. Me gustó mucho esa presencia que se me ofrecía en sus páginas, donde he publicado artículos a lo largo de veinte años. Pero luego *El País* decidió abrir una edición colombiana en internet. En ese momento me propusieron tener una columna en la otra mitad del mes, de manera que acabaría alternando una columna para España y una columna para Colombia. Ha sido un reto inmenso a nivel de tiempo y concentración. Lo hice durante siete años en *El Espectador*, pero en esa época tenía menos compromisos.

Claro, y precisamente dejaste la columna en *El Espectador* porque te dabas cuenta de que te quitaba tiempo para escribir tus novelas. Entonces, ¿puede ese nuevo compromiso con *El País* considerarse como una reconciliación con el periodismo de opinión o, incluso, como una resignación ante el hecho de que eres para muchos, además de novelista, un intelectual público?

Es también una consecuencia del momento que estamos viviendo. Dejé la columna de *El Espectador* en 2014, pero luego vinieron el plebiscito de 2016, las elecciones de 2018, las elecciones de 2022, y ya estamos en una Colombia absolutamente distinta de la de 2014. Una nueva Colombia que vive todos los días en medio de divisiones y debates que a mí no me parecen importantes para el momento, sino importantes para el futuro, para el país de mis hijas. Por eso me ha parecido que se justifica mucho más que nunca asumir esa obligación semanal. Es una carga enorme y, como siempre he dicho, el oficio del novelista y el del columnista representan dos éticas de la escritura muy opuestas, que además conducen a una división de la cabeza muy compleja. Pero, caramba, creo que es absolutamente necesario ahora en este país en el que estamos viviendo. Si a eso le añades los años de experiencia, de viajes, de vida en muchos lugares, de diálogos con gentes distintas, el resultado es una visión más rica y más curiosa del mundo globalizado en que vivimos. Escribo bajo la convicción de que nada de lo que ocurre en un lugar se queda en ese lugar. Y, como tengo el privilegio de entender bien o relativamente bien tres o cuatro culturas distintas de la mía, ese espacio de *El País* se me ha convertido en una manera de hablar del mundo y hablar con el mundo. Es un gusto.

Muy distinta de tu voz de columnista suena tu voz de poeta, que los lectores escuchamos por primera vez en *Cuaderno de septiembre*. Aunque desde *El ruido de las cosas al caer* ya conocíamos tu amor por la poesía, la publicación de un poemario propio no dejó de asombrarnos. ¿Siempre has escrito poemas?
En el año 1999, en esos nueve meses rarísimos que pasé en Bélgica, escribí un libro de poemas. Fue mi primer intento, pero nunca los consideré publicables: era muy consciente de que eran exploraciones. Fue el descubrimiento inicial de lo que la lectura y la escritura de poesía podían regalarle al prosista. Sus mecanismos transmiten a la escritura de prosa una cantidad de cualidades que para mí son imprescindibles. Es un género que enseña el control de la frase y de las imágenes. Para los que tenemos el oído hipersensible y nos atormentamos por cualquier sonido o ritmo incómodo que quedó extraviado en un libro pasado, la poesía nos permite reducir estos errores de los que probablemente nadie más se dé cuenta.

Por ahí leí que escribiste los poemas de *Cuaderno de septiembre* entre 2019 y 2022. Sin embargo, la nitidez de las imágenes y los recuerdos causa la impresión de que los escribiste mucho antes, justo después de las vivencias mismas. Pienso, entre otros muchos ejemplos, en "Mudanza al sur", el poema en que evocas la mudanza con Mariana de Bélgica a Barcelona a finales de aquel año de 1999. ¿Todos los poemas se escribieron desde el recuerdo?
En cierta medida, *Cuaderno de septiembre* es un libro de memorias. Es un álbum personal, una autobiografía que comenzó como un inventario privado de recuerdos e imágenes que tenían que ver con mi relación con mi esposa. Lentamente se fue convirtiendo, como debe suceder con cualquier libro de poemas medianamente respetable, en una metáfora de otros mundos, en algo que trasciende sus orígenes autobiográficos y quiere hacer un comentario sobre los otros, sobre el lector probable que los lea: sobre su vida y su noción del amor, el miedo, la soledad, la experiencia de tener hijos. A partir de cierto momento, llegó a ser un intento por usar ese lugar tan extraño que es la relación de pareja no solo para investigar esa relación en sí misma, sino para investigar

el mundo, emplear ese espacio como el lugar desde donde vemos el mundo, la vida política, la vida histórica, la vida social; el lugar desde donde vemos lo que les pasa a los otros.

En *Cartas a un joven novelista* —y sin duda también en otros textos— Vargas Llosa define la escritura de una novela como un striptease invertido. ¿Para ti la escritura de poesía supuso un striptease de verdad?
El striptease invertido de un novelista es muy radical: termina mucho más oculto que el poeta. Por lo menos en las novelas de Vargas Llosa no vemos casi rastro de la persona real que comenzó a escribir la novela. En cambio, un libro de poemas sí permite vislumbrar, como a través de un velo, la figura de la persona real. Por eso yo he querido invitar muchas veces a la confusión, borrar las líneas entre las vivencias y la ficción, porque el poeta también es un fingidor. El verso y la estructura poética sirven también para cubrir una vivencia desnuda.

¿Pero no experimentaste el hecho de publicar un poemario como una suerte de salida del armario?
En ese sentido tienes razón. De cierta manera, la publicación de *Cuaderno de septiembre* fue un acto impúdico en el que me despojé de muchas máscaras. Como dije, en su origen el libro era un documento privado que convertí en un diálogo con el lector después de la decisión de publicarlo. Sin embargo, en su origen, el libro era íntimo, por lo que sí implicó un acto de impudicia y, desde luego, un riesgo. Pero me gusta tomar riesgos y hacer, dentro de la creación literaria, cosas que no haya hecho, todo con el objetivo muy egoísta de aprender más y de buscar nuevas maneras de hacer lo mío, que es, finalmente, escribir novelas. También para esto sirven estos poemas: son combustibles para las ficciones futuras.

Siempre he intuido que, a diferencia de la narrativa, la poesía se resiste al análisis. Quiero decir que es como una amapola: hay que dejarla en su sitio, porque si la cortas, se muere. ¿Compartes esta reticencia a enfrentar un poema con más palabras?
Sí, me parece muy justo. La poesía es un intento por usar el lenguaje para decir algo que solo se puede decir como lo expresa el poema. Cuando tratas de explicar el poema, estás destruyendo ese mecanismo que, además, es un mecanismo de condensación, de metáfora, de suge-

rencia y de silencio que al poeta le ha costado mucho esfuerzo construir. Explicar el poema es como devolverle al hecho original todo lo que el poeta desdeñó, o camufló, o reinterpretó. A veces se me ocurre que de la poesía solo se debería hablar con más poesía. Igual decía Martin Amis al afirmar que a un crítico de música nunca se le exige que saque un violín y que comente el trabajo de otro mediante su propia música.

No voy a interpretar tus poemas, ni te voy a pedir que tú lo hagas. Únicamente quiero preguntarte por el título: el mes de septiembre aparece en el título y reaparece, a modo de motivo, en varios poemas. Yo, desde mi perspectiva belga, asocio septiembre con la melancolía del final del verano y el comienzo del otoño. ¿Qué simboliza para ti?

El origen, como siempre en mis libros, es muy literal. Es un mes que está asociado a mi relación con Mariana de manera directa. Varias cosas han ocurrido en septiembre: nuestro matrimonio, el nacimiento de nuestras hijas. Pero, además, para mí y mi familia, septiembre siempre ha sido un mes de cambios. Siempre ha sido el momento en que o llego a un sitio nuevo o me estoy yendo para empezar una cotidianidad distinta. Con mi familia hemos llevado vidas un poco itinerantes, y estas vidas están marcadas por calendarios académicos. Así, septiembre puede ser el momento en que me voy de Suiza después de una temporada enseñando; o el momento en que llego a Nueva York para comenzar una serie de charlas; o el momento en que llego a Oxford para dar las conferencias Weidenfeld. Es un mes en el que se mueven los mundos. Para mí siempre ha tenido ese lugar, un lugar de bisagra, donde se acaba una cosa y comienza otra.

VIII.
La traducción del mundo y el compromiso del novelista

El primero de enero de 2023 Juan Gabriel Vásquez cumple cincuenta años. En abril se le rinde homenaje en la Feria Internacional del Libro de Bogotá y en mayo se anuncia su ingreso, junto a los escritores Juan Esteban Constaín, William Ospina y el nicaragüense Sergio Ramírez, a la Academia Colombiana de la Lengua. Mientras tanto, ha salido la noticia de que Roberto Bentivegna, guionista de *House of Gucci*, está adaptando *El ruido de las cosas al caer* y que asumirá también la dirección de la película.

El cincuentavo aniversario de Vásquez coincide con la publicación de *La traducción del mundo*, su tercer libro de ensayo, fruto de su estancia como profesor invitado en Oxford el otoño anterior. En él se pregunta acerca de la naturaleza de ese gesto genuinamente novelístico que consiste en hablar desde el lugar del otro, en apropiarse de las vidas ajenas; gesto que en los debates culturales de los últimos años ha venido poniéndose cada día más en entredicho. En sus reflexiones Vásquez reafirma varias lealtades ya longevas —entre ellas Proust, Woolf y Conrad—, pero también entabla diálogos nuevos, tanto con colegas contemporáneos de lengua inglesa —por ejemplo, Hisham Matar y Zadie Smith—, como con ese clásico de la picaresca española que es el *Lazarillo de Tormes* o aun con pinturas de Brueghel el Viejo, Velázquez y Goya.

En muchos sentidos, parece que hay un ciclo cerrándose y otro abriéndose. En septiembre de 2023 Vásquez vuelve a París para una segunda estancia larga. Allí, en la misma ciudad donde hace más de un cuarto de siglo terminó su primer libro de ficción, emprende la escritura de su novena novela, que gira en torno a la artista colombiana de orígenes judíos Feliza Bursztyn.

¿Cómo se siente volver a vivir en París, a veintiséis años de tu primera llegada como aprendiz de escritor?
Es una experiencia muy distinta. Mis primeros años en París, 1996

y 1997, fueron, en cierto sentido, un período de desorientación. Yo tenía claro el objetivo de tratar de ser novelista, pero la incertidumbre era total. Llevaba una vida de estudiante con muchas carencias: si me compraba un libro tenía que balancear el presupuesto en otra parte. Sin embargo, también recuerdo esos años como una época de muchas satisfacciones por los descubrimientos que iba haciendo: las amistades que construía, la sensación de abrirme paso en un espacio desconocido, la escritura de los primeros libros. Aunque luego los haya desechado, forman parte de los aprendizajes de París. Ahora es muy distinto, porque llego con una obra que ya cuenta con varios libros que, además, se venden en estas librerías en traducción francesa. Es llegar ya no como un joven desorientado de veintitrés años, sino como un padre de familia de dos hijas que tienen dieciocho años y que se están apropiando lentamente de la ciudad, más o menos igual a como yo lo hice hace veintitantos años. Es bellísimo.

Y la ciudad, ¿la sientes muy distinta?
París tiene una cualidad misteriosa de permanencia. Todas las ciudades cambian, desde luego, pero en los paseos que doy por las mismas zonas por las que caminaba sé identificar dónde queda una panadería de hace veinticinco años o una librería que sigue en el mismo lugar. Y los bares y los cafés que frecuentaba están todavía ahí. En cierto sentido, la ciudad no ha cambiado. Han cambiado, eso sí, los tiempos. Ahora es una ciudad muy tensa que vive bajo una amenaza terrorista constante. Para mí resulta un poco irónico porque en aquel momento mi satisfacción de salir de Colombia fue, en parte, por dejar atrás la violencia gratuita.

Tu llegada a París coincide con la publicación de *La traducción del mundo*. Si bien este es tu tercer libro de ensayo, yo creo que es tu primer ensayo concebido como libro. ¿Estás de acuerdo?
Sí, definitivamente. *El arte de la distorsión* fue el acto —que a mí no solo me parece legítimo, sino que lo disfruto mucho en los autores que más me gustan— de vaciar el escritorio, de decir: a ver qué hay aquí, y meter todo lo que valga la pena. *Viajes con un mapa en blanco* tiene un carácter mucho más unitario, pero son ensayos escritos a lo largo de mucho tiempo, por encargo la mayoría de ellos, y que se fueron agrupando de manera azarosa alrededor de mis intereses. El origen fue un curso que di en 2017 en la Universidad de Berna. Terminado el curso, sus temas

se condensaron en varios ensayos, y cuando me di cuenta de que tenía otros que hablaban coherentemente de los mismos temas, los reuní y los publiqué. En cambio, *La traducción del mundo* es, efectivamente, una serie de cuatro conferencias que desde el primer momento tuvo la intención de ser absolutamente unitaria, de explorar el mismo tema y de hacerlo, además, con una continuidad que no era negociable: no hay otra manera de organizar estas conferencias que en el orden en que están puestas. Hay una evolución, una acumulación, que hace que cada conferencia se construya sobre la anterior.

Esa es una de las razones por las que *La traducción del mundo* me hace pensar en *Los testamentos traicionados* de Milan Kundera, una propuesta que también es un todo y que, por lo mismo, me gusta aún más que sus otros libros de ensayo.
Fíjate que *El arte de la novela* es una limpieza de escritorio en el mejor sentido de la expresión. Todos los textos son maravillosos, pero son muy disímiles: hay un discurso publicado cuando Kundera gana el Premio Jerusalén, un léxico que sale de un encargo privado, una entrevista con Christian Salmon y ensayos sobre distintos temas. Todos, en cualquier caso, son exploraciones y recopilaciones de lo mismo, el arte de la novela. En cambio, *Los testamentos traicionados* tiene un solo núcleo y se concibió como un libro. Lo mismo vale para *El telón*, que adoro. En fin: sabes que esa comparación me honra y me avergüenza un poco. Kundera es, como ensayista, quien con más brillantez ha explorado las complejidades de la novela en los últimos años. Los libros que acabamos de mencionar —y también, en cierta medida, *Un encuentro*, aunque es más débil— están al alcance de mi mano constantemente, como un vademécum. Al lado de esos están las *Seis propuestas para el próximo milenio* de Italo Calvino, los prólogos de Conrad, *The Common Reader* de Woolf, los diarios de Piglia. Son libros que constituyen este corpus de novelistas reflexionando sobre su arte que, para mí, es infinitamente fértil y necesario. Los tengo allí como primeros auxilios.

En el prólogo de *La traducción del mundo* te refieres a un ensayo de Zadie Smith, titulado "Fascinated to Presume", en el que la autora expresa su pesimismo sobre el lugar que ocupa la ficción narrativa en nuestras sociedades. ¿Crees, como Smith, que la ficción está en peligro o que incluso ya hemos perdido nuestra capacidad de leerla?
Creo que hay razones para preocuparnos, pero al contrario de Smith

no he llegado a ese *tipping point* terrible en el que ya se habla de la ficción en pasado. No. Yo pienso que mientras los seres humanos sigamos siendo seres humanos existirá el ejercicio de pensar desde el lugar del otro, de imaginar al otro, que es lo que hace la ficción. Pero sí hay razones para hacernos preguntas importantes: ¿por qué desconfiamos ahora de quienes hablan desde el lugar de otro? Esa es mi principal pregunta. ¿Por qué un escritor holandés, Marieke Lucas Rijneveld, tuvo que renunciar a traducir a una poeta negra cuando se le reclamó el hecho de que no era negro? Y allí solo estamos hablando del oficio del traductor. Pero en lo que respecta a la creación literaria, es inmensa la cantidad de conquistas, beneficios y privilegios para la invención del ser humano moderno, y para sus sociedades, que son consecuencia de la ficción. Y habría que preguntarnos qué estamos perdiendo cuando nos censuramos entre nosotros por el hecho de tratar de ver el mundo desde el lugar de otro. Eso implica un cambio de la consideración que tenemos sobre el papel de la ficción en nuestras sociedades, y todo esto va por caminos que a mí, desde luego, no me gustan nada.

Y así en el prólogo también usas el concepto «apropiación cultural». Después, en el resto del libro, no vuelves a mencionarlo, pero sí queda claro el propósito de defender la función de la ficción, la cual, como lo acabas de decir, consiste en apropiarse de la historia de los otros para contarla. Sin que lo explicites, me parece que el ensayo surge, al menos en parte, como una reacción a esas polémicas culturales de los últimos años sobre la apropiación cultural, el *wokismo*, la aparición de los lectores de sensibilidad dentro de las editoriales.
Todas esas cosas me preocupan, pero para mí fue muy importante, desde el primer momento de la redacción de estas conferencias, evitar el sermón y el riesgo de hablar desde un lugar de certeza. Es decir, evitar hablar desde la convicción de que los demás están equivocados y que yo, en cambio, tengo la razón. Quería ahondar en estas preguntas que nuestra cultura contemporánea se está haciendo desde la ética de un novelista que no ofrece respuestas tajantes, que no tiene la verdad absoluta, sino que hace preguntas y tantea. A eso responde la construcción del libro. No es, como sí ocurre en muchos textos de *Viajes con un mapa en blanco*, un discurso desde un podio. Es un tanteo de distintas imágenes, recurriendo a distintos libros importantes de mi biblioteca personal, para tratar de construir de manera impresionista una exploración alrededor de un tema.

O sea que no querías que se convirtiera en un manifiesto...

Las conferencias tenían esa preocupación muy clara: no convertirse en una gran columna de opinión. Pero en mis columnas de opinión sí me he rebelado contra la estupidez reinante que censura a Roald Dahl o Agatha Christie porque utilizan expresiones o imágenes que hoy puedan ofender a alguien. Me rebelo contra ello porque la pretensión de actualizar una ficción antigua para que no ofenda a nadie nos priva de conocer cómo las personas del pasado veían el mundo. Si esto lo hacemos con todas las ficciones de otros tiempos —con Tolstói, Dostoievski, Flaubert— estaremos impidiéndonos a nosotros mismos la comprensión de un mundo que ya no está. Hay lugares del pasado que solo podemos entender a través del lenguaje de las novelas. Si empezamos a cambiar el lenguaje de las novelas de hace dos, tres o cuatro siglos, estamos quitándonos la posibilidad de entender la época en que fueron escritas. Eso es dramático, es matar el pasado. Y cuando matas el pasado, avanzar hacia el futuro se vuelve aún más difícil.

Esas polémicas culturales nacieron en el mundo anglosajón, en particular en Estados Unidos. ¿Consideras que se sienten con la misma fuerza fuera de este país?

Lo peligroso es que lo que ocurre en Estados Unidos nunca se queda en Estados Unidos. La hegemonía cultural del país, su capacidad para exportarlo todo, no solo lo bueno sino también lo problemático, y aun lo francamente negativo, es brutal. Es la misma capacidad con la que el fenómeno Trump permite el afianzamiento de populistas en Polonia, Hungría, Turquía o en donde sea. La potencia cultural y económica del país hace que las guerras culturales se trasladen a nuestras conversaciones en otras partes. Aquí, en Francia, se han publicado en los últimos seis meses por lo menos tres libros, que yo haya visto, de gente progresista profundamente preocupada por la conversación cultural en el mundo anglosajón, donde una parte de la izquierda está tomando unas actitudes de censura, iliberales, restrictivas, identitarias en el peor sentido de la palabra, y que son lo contrario de los valores de la izquierda tal como la entiendo yo, que son valores universalistas e incluyentes.

¿Y en el mundo hispánico?

El mundo hispánico son dos mundos para mí: el latinoamericano y el español. En el latinoamericano sí. Como siempre, a lo largo de nuestra historia, lo que ocurre en Estados Unidos tiene una influencia inmediata en Latinoamérica. Allí es donde primero se manifiestan las conversaciones culturales, políticas, sociales y económicas norteamericanas.

Aparte de los efectos de los que hemos hablado y que consideras preocupantes —el recelo hacia la apropiación de las historias ajenas, el surgimiento de los lectores de sensibilidad, las nuevas formas de (auto)censura—, ¿opinas que esas polémicas culturales también han tenido consecuencias positivas? Pienso, por ejemplo, en la atención que se está prestando a literaturas antes apenas visibles.

Creo que la ficción entendida como el lugar desde el cual vemos el mundo exige una aceptación de la pluralidad. La ética de un lector de ficciones rechaza cualquier limitación, cualquier frontera. Lo que le interesa al lector de ficción es una visión poliédrica del mundo. Con todo esto quiero decir que cualquier impulso por que el mundo de la ficción respete la diversidad de las sociedades me parece saludable. Yo también he estado haciendo un esfuerzo por leer más ficciones provenientes de lugares que no son el mío. Es tal vez esta conciencia de lo tuertos que nos quedamos si constantemente estamos viendo el mundo desde el mismo sitio, que suele ser un lugar parecido al nuestro. Me parece que es positivo que esa gran virtud de las ficciones, que es el reflejo de la diversidad y del carácter impredecible de los seres humanos, forme parte de la conversación cultural de manera explícita.

En este sentido llama la atención que, en comparación con tus ensayos anteriores, en *La traducción del mundo* hay un mayor número de referencias femeninas. Allí están Virginia Woolf, Zadie Smith, Toni Morrison, Marguerite Yourcenar...

La literatura escrita por mujeres siempre ha sido importante para mí, pero quizás lo era de una manera menos consciente. Creo que fui la primera persona en Colombia en escribir sobre Alice Munro. Y el epígrafe de *Viajes con un mapa en blanco* es de Woolf, y es un nombre que se repite constantemente en los ensayos. Los libros que son importantes para mí en *La traducción del mundo*, como *Memorias de Adriano* de Yourcenar, lo han sido siempre, pero es verdad que hay una diferencia en la presencia de la literatura escrita por mujeres en mis ensayos anteriores y en este. Hay una parte de la conversación cultural que ha tenido para mí el efecto enriquecedor de cobrar conciencia de los engranajes históricos que han silenciado voces valiosísimas. No es para nada caer en lo *woke* decir que existen mecanismos de ocultamiento que han impedido la notoriedad de muchas novelistas y cuentistas. No hay que haber leído *Una habitación propia* de Woolf para darse cuenta de eso. Las pruebas están por doquier. Tampoco basta alegar que existe George Eliot y que lo único que se necesita para sobrevivir en la historia literaria es escribir un buen libro. Cualquiera que conozca la biografía de las hermanas Brontë sabe de qué estoy hablando. El hecho de que se hayan visto obligadas a escribir bajo pseudónimos masculinos es una prueba de esto.

En *La traducción del mundo* escribes que «hay una relación directa entre el lugar que ocupa la ficción en una sociedad y la salud de su democracia». ¿Podrías ahondar un poco más en esa idea?

Es una idea que se expresa más desde lo negativo que desde lo positivo. Nadie con dos dedos de frente puede decir que la apreciación de la literatura en una sociedad la haga mejor. Pero sí podemos decir que uno de los signos más claros del deterioro de una democracia es la persecución y la censura de la creación literaria. La persecución puede ser violenta, como en el caso de Ósip Mandelstam, o puede ser una amenaza constante, que también es violenta pero que tarda en materializarse, como la de Salman Rushdie, o puede ser una censura como la que sufrieron Kundera y tantísimos otros y tantísimas otras. Creo que esa es una de las primeras señas de que una sociedad está basculando de la democracia al autoritarismo. Son razones muy evidentes. Lo primero que quiere hacer un régimen antidemocrático es tener control sobre el relato, sobre lo que se cuenta acerca del pasado y el presente. Y los novelistas están constantemente contradiciendo las verdades únicas, rechazando las versiones monolíticas, levantando la mano y diciendo: "Las cosas no pasaron así", recordando lo que el poder quiere que se olvide. La literatura es, con frecuencia, un depósito de memoria, y los regímenes antidemocráticos quieren una memoria interesada, quieren recordar solo lo que les sirve y olvidar lo demás. Por eso, para ellos, la literatura se vuelve un lugar muy incómodo.

Otra frase del ensayo que me gustaría que comentaras, y a la que ya hiciste alusión en esta conversación, es esta: «Mientras sigamos siendo humanos la novela seguirá con vida». Al leerla sentí que en ella subyace cierta inquietud, como si quisieras insinuar que los aspectos más propiamente humanos de nuestro ser, nuestra vida,

nuestra sociedad, están siendo seriamente amenazados. ¿Te refieres aquí al impacto de las nuevas tecnologías y las redes sociales?

Sí. De cierto modo, las nuevas tecnologías, la vida en las redes sociales, la dependencia del smartphone, el surgimiento de la inteligencia artificial, son proyectos que van en el sentido contrario del proyecto humanista que comenzó hace seiscientos años. En muchos sentidos —y esto no es un grito de ludita desesperado— esas tecnologías nos han deshumanizado por la manera como nos han encerrado a cada uno en una versión de la realidad dictada por los algoritmos; nos han impedido los intentos por comprender al otro, por tolerar la diferencia de puntos de vista; nos han encerrado en cajas de resonancia que nos vuelven a todos pequeños fundamentalistas. Por otro lado, han destruido la idea de una verdad compartida que todos vemos y que interpretamos de manera distinta, dependiendo de si somos de izquierda o derecha o católicos o musulmanes o ateos. Antes del advenimiento de las nuevas tecnologías estábamos todos de acuerdo en que la realidad era la misma y en que cada uno la interpreta según sus distintas posiciones en el mundo. Ahora la idea de una realidad común ya no existe, y esto es terriblemente negativo para una sociedad, porque arruina nuestra capacidad para cooperar y entender la diferencia de opiniones. Nuestro contradictor ya no es solo un contradictor, sino un enemigo que miente y falsea la realidad, y así es imposible negociar con esa persona. Hay muchos síntomas de cambios brutales en nuestro comportamiento de ciudadanos y de individuos privados que están ligados a las nuevas tecnologías y que van disolviendo ciertas conquistas sociales que son importantes para el equilibrio democrático de una sociedad. Eso me preocupa.

No pude evitar leer *La traducción del mundo* teniendo en mente tu cincuentavo cumpleaños y el hecho de que, contando desde *Persona*, ya lleves más de veinticinco años publicando. En este sentido, el ensayo también viene siendo el balance de un novelista a mitad de carrera. ¿En todo ese tiempo ha cambiado tu idea del oficio?

El cambio en mis circunstancias de trabajo ha sido enorme. De puertas para adentro, sin embargo, nada ha cambiado: sigo luchando con las historias, con la página que estoy escribiendo, sobre todo cuando se trata de una novela compleja, que me parece una de las empresas intelectuales más difíciles a las que uno se puede dedicar. Ahora entiendo muy bien algo que pasó durante esos años, y que fue el lento retiro de un escritor que para mí es importantísimo, Philip Roth. Al leer su biografía me enteré de que en algún momento sintió que, por desgaste, su cabeza ya no era capaz de contener todo lo que es necesario para escribir una novela larga y compleja, por lo que empezó a escribir una serie de novelitas pequeñas. Otra cosa que también agradezco es no haber perdido la pasión por mi vocación, no haber sido secuestrado por el cinismo en que han caído tantos de mis contemporáneos.

"¿Y todo para qué?".
Sí, exacto, "¿para qué escribo si nadie lee, si ya todo está dicho?", o "el mundo es una conspiración en contra mía", o "el mundo del libro es corrupto, es un supermercado". Es una fortuna haber podido conservar la misma fascinación por la literatura, la misma pasión por mi vocación que tenía cuando comencé a escribir mi primer libro. Si ha habido alguna transformación que empiezo a notar es una cierta idea del compromiso del novelista. Antes nunca había logrado separar la idea del compromiso de la vieja idea, en los años cincuenta y sesenta, del novelista como militante de ciertas causas. Y eso me provocaba desconfianza y escepticismo. Ahora he comprendido que hay otra manera de entender el compromiso: como una decisión consciente de usar la novela para intervenir en el mundo, para meter las manos en el barro de la realidad. Un compromiso –y esto también es fuente de cinismo en muchas partes– con algo que puedo llamar conocimiento. Sí, la novela es una forma de conocimiento. La idea de la novela, de la ficción y la imaginación, como un vehículo para llegar a una cierta comprensión sobre las verdades del ser humano no es necesariamente aceptada hoy en día. En esto también me siento irremediablemente anacrónico. La ficción es una forma de conocimiento porque ilumina una verdad, aunque sea una verdad ambigua, múltiple, nada taxativa, nada dictatorial. Son términos en los que hablaba Chéjov, o Tolstói, o Dostoievski, y que ya han pasado de moda. A mí, en cambio, me siguen guiando todos los días.

IX.
Los nombres de Feliza y la imaginación de la muerte ajena

París, 1996. Juan Gabriel Vásquez acaba de llegar de Colombia. Tiene veintitrés años y quiere ser escritor. A los pocos meses, su sueño se ve perturbado por una pesadilla médica: sufre una enfermedad desconocida, y los diagnósticos errados de varios médicos solo acrecientan la inquietud. En las salas de espera de los consultorios y en los largos trayectos en metro hojea un libro traído de Colombia, las *Notas de prensa* de García Márquez. Un día se topa con una columna de principios de 1982, titulada "Los 166 días de Feliza", en la que el nobel cuenta que acaba de ser testigo, en un restaurante parisino, de la muerte de la escultora colombiana de origen judío Feliza Bursztyn. Más que la anécdota en sí misma, en la memoria de Vásquez se graba el dictamen de García Márquez sobre la causa del fallecimiento de Bursztyn: «Murió de tristeza». Vásquez no lo sabe en aquel momento, pero esas palabras de Gabo constituirían el germen de una novela que escribiría muchos años después.

Los nombres de Feliza se publica en Colombia en diciembre de 2024, y a mediados de enero de 2025 sigue el lanzamiento en España. Por las mismas fechas, la librería zaragozana Cálamo anuncia que le otorga su Premio Extraordinario 2024 a Vásquez por el conjunto de su obra. Tras dos novelas voluminosas —*La forma de las ruinas* y *Volver la vista atrás*—, Vásquez vuelve con *Los nombres de Feliza* a una extensión normal para sus libros, pero la vida real que nos cuenta se sale de toda norma. No hay quien lo niegue: Feliza Bursztyn (1933-1982) fue la *enfant terrible* del arte colombiano del siglo veinte. Sus extrañas figuras de chatarra solían encantar a algunos espectadores y escandalizar a los demás. Y si no escandalizaba con sus obras, Bursztyn lo hacía con su vida libre e inconformista. El hecho de privilegiar su arte por encima de la educación de sus hijas, su simpatía por la Revolución cubana y su supuesto apoyo a la guerrilla del M-19 le valieron el repudio de la sociedad colombiana, la misma que acabó expulsándola del país.

Vásquez no sería Vásquez si no basara su reconstrucción —su apropiación— de la vida y muerte de Bursztyn en una sólida investigación documental y en diálogos con varios testigos, entre ellos Pablo Leyva, el segundo esposo de la escultora. Pero tampoco sería Vásquez si no se tomara la libertad de llenar los vacíos mediante la imaginación. Entre líneas, pues, *Los nombres de Feliza* puede considerarse la puesta en práctica de las ideas del ensayo *La traducción del mundo*, esto es, la reivindicación del derecho del novelista a ponerse en el lugar de otra persona, incluso si esta otra persona, como es el caso de Bursztyn, no es del mismo género sexual ni comparte las mismas raíces culturales.

Según lo cuentas en la novela, el origen lejano de *Los nombres de Feliza* fue tu primera lectura de la columna de García Márquez sobre la muerte de Bursztyn. ¿Cómo fue madurando la idea de escribir sobre ella?

Alguien me hizo caer en la cuenta de que Feliza aparece en *Las reputaciones*. Yo lo había olvidado. En algún momento de la novela, Javier Mallarino hace una caricatura de la escultora cuando acaba de ser arrestada y llevada a las caballerizas del Ejército. *Las reputaciones* es una novela de 2013. Creo que allí ya había tomado forma la idea de escribir una novela sobre Feliza. Antes había una fascinación con la anécdota de García Márquez, un lento descubrimiento del personaje de Feliza a partir de esa columna tan extraña, cuyas palabras, «murió de tristeza», habían sido para mí la pregunta original. Nunca las pude olvidar. Pero, mientras tanto, estaba escribiendo otras cosas, resolviendo otros problemas literarios, y con alguna parte de la intuición entendía que no tenía los conocimientos suficientes para escribir sobre Feliza: ni los conocimientos técnicos, ni la experiencia vital. Reflexionando sobre esto, recordé a Marguerite Yourcenar, quien solía decir que había intentado escribir *Memorias de Adriano* a los veinte años, pero fracasó, y a los treinta otra vez, pero fracasó, y solo pudo escribir la novela a los cuarenta porque era necesario que tuviera cierta experiencia vital para comprender la figura de Adriano. Creo que me pasó lo mismo: de alguna manera fui entendiendo que para escribir este libro era necesario que llegara a la edad que Feliza tenía cuando murió. Acumular ciertas experiencias, tener ciertas tristezas, pasar por ciertos fracasos. Hay una coincidencia en nuestras vidas que parece banal, pero que para un novelista está llena de significados: haber llegado por primera vez a París, los dos, exactamente a la misma edad, veintitrés años, y con el mismo propósito de descubrir si éramos artistas. Descubrir ella si podía convertirse en escultora, y descubrir yo si era escritor.

Y luego tu segunda estancia en París te sirvió de pretexto para poner manos a la obra.
Mi segunda estancia en París se dio a los cincuenta años; Feliza regresó a la capital francesa a los cuarenta y ocho. De manera que nos encontrábamos nuevamente en el mismo momento de la vida. La escritura de la novela también fue una manera de saldar cuentas con la memoria de mi primer París y con las transformaciones que desde entonces se dieron en mi comprensión del mundo. La intuición era esta: necesitaba, por una parte, cierta experiencia vital, y, por otra parte, haber escrito ciertos libros, en particular *Volver la vista atrás*, que me permitieran escribir este.

Sí, después me gustaría abordar el parentesco con *Volver la vista atrás*. Pero hablemos primero del título de *Los nombres de Feliza*. Alude a los muchos nombres que ha tenido Feliza Bursztyn: a sus sucesivos nombres de pila —Feigele, Felicia, Feliza—, apellidos —Fleischer, Bursztyn— y apodos —entre ellos Betina, que le puso su amante Jorge Gaitán Durán—. Pareciera que la novela invita a una reflexión sobre la importancia de los nombres y su posible poder premonitorio.
Uno de los descubrimientos que hice sobre la vida de Feliza fue la precariedad de su identidad. Nuestro nombre es algo que los demás damos por sentado, y es una de las pocas certezas que tenemos. Para Feliza, en cambio, fue una búsqueda constante. Su nombre fue una fabricación propia; sus amantes le ponían seudónimos, sus padres la llamaban de otra forma, sus interlocutores en los medios colombianos equivocaban constantemente la ortografía de su apellido. Era como si su identidad estuviera siempre amenazada: y la amenaza llegó hasta la lápida de su tumba, donde su nombre está escrito con una ese en lugar de una zeta. Y el hecho de que la palabra "ostracismo" —que es a lo que su país sometió a Feliza, una expulsión por considerarla peligrosa para la salud del cuerpo social— provenga del acto de escribir el nombre de la persona que queremos expulsar en pedazos de barro roto me pareció una metáfora extraordinaria de lo que le había pasado.

Además, el nombre de Feliza dialoga con la frase de García Márquez: «Feliza murió de tristeza».

Esa contradicción me sirvió de acicate. Me recordó mucho, de manera indirecta, a esa página de los diarios de Chéjov en la que anota: «Idea para un cuento: un hombre va al casino, lo gana todo, vuelve a casa y se suicida». En cierto sentido, eso era Feliza: una mujer cuyo nombre incluía la palabra "feliz", cuya alegría y carcajadas eran conocidas por todo el mundo, y que luego muere de tristeza. En esa contradicción hay una pregunta esencialmente novelística. Y claro, solo se podía responder con una novela.

Escribes con cariño y admiración sobre varias obras de Bursztyn. Entre ellas, ¿hay alguna que ocupe un lugar especial para ti?

Sí, el *Homenaje a Gandhi*, por varias razones. En primer lugar, motivos personales: recuerdo muy bien cruzarme con esa figura desde los siete u ocho años, pasando por la carrera Séptima en la ruta del bus escolar, y fijarme con mis amigos en esa escultura. Es una pieza que forma parte de mi paisaje bogotano. Aparte de eso, siempre me ha interesado la historia de la obra misma, el hecho de que fuera una meditación sobre la paz en un país muy jodido, y que Feliza la hubiera construido en un momento en que la defensa de la paz no era necesariamente lo más popular. Ni siquiera en su propio medio: era mucho más popular la revolución inmediata por las armas. Siempre me interesó ese lado de Feliza: su apoyo a la Revolución cubana, sus convicciones profundamente de izquierda, pero al mismo tiempo su rechazo a la violencia en un momento en que esa violencia era abrazada por sus compañeros de pensamiento. Pero además de todo eso me gusta también la profunda ambigüedad del *Homenaje a Gandhi* como objeto: era tan irreconocible para mucha gente como obra de arte que en algún momento unos ladrones de chatarra la quisieron robar.

Pero la casualidad quiso que en ese momento preciso Bursztyn y Pablo Leyva pasaran por el sitio. Leyva ahuyentó a los ladrones y al día siguiente regresaron juntos para quitarle la placa a la obra, por miedo a otro intento de robo.

Sí, le quitan la placa que la identifica como obra de arte y se la llevan.

¿Y en todo ese tiempo no se ha puesto una placa nueva?

No, con lo cual la gente no sabe qué es ese objeto, ni a quién evoca.

Tiene algo muy atractivo para mí, la idea de esta figura levantándose en medio de la vida bogotana, en el anonimato.

Otra vez los nombres...
Exacto. Es una figura sin nombre que ha sido despojada de su identidad y que está allí, mirándonos, acompañándonos, pero nadie sabe lo que es.

Desde siempre hemos podido encontrar en tus novelas personajes femeninos profundos. Sin embargo, en *Los nombres de Feliza* por primera vez una mujer adquiere el papel de protagonista. Una mujer, además, real. ¿El hecho de apropiarte de la vida de Bursztyn hizo que procedieras con más recato que, digamos, en el caso de tus personajes masculinos ficticios?
No, pero sí hubo la sensación de una dificultad añadida. Y por ello esa herramienta fantástica que tenemos, la imaginación, que nos permite especular sobre la realidad del otro, tuvo que venir ayudada con ciertas muletas: la investigación, la conversación con testigos, la confirmación de las intuiciones. Le di la novela a su marido para preguntarle si mi interpretación de Feliza era correcta, y él estuvo de acuerdo. Les conté ciertos episodios a mujeres que la conocieron, como Patricia Ariza, para saber si mi interpretación coincidía con su memoria. Con todo eso uno va logrando un retrato que es aproximativo, pero que es un homenaje a la posibilidad de entender a otro, que es lo que tanta gente niega ahora.

¿Pero, al tratarse de una mujer real, no hubo zonas donde te dio más pudor entrar? Pienso en la vida más íntima, el erotismo...
Pudor es una palabra posible, pero sobre todo se trata de la conciencia de tener en las manos también la imagen de otros: la vida privada de Feliza involucró a otras personas, que igualmente existen, están vivas y van a leer la novela. En ese sentido, mi regla número uno fue hipocrática: no hacer daño. Quería escribir un libro tratando de decir la verdad sobre una vida humana, pero sin llevarme por delante a otras vidas, respetando el derecho que tienen los demás a su intimidad. Es algo que me parece interesante por la ambigüedad que representa para un novelista: una novela es un ejercicio de indiscreción, es meternos en la vida secreta de los otros y revelarla. Es una de las razones por las que leemos novelas, para descubrir lo que los demás esconden. Pero eso tiene que marcar los límites de la intimidad ajena.

Al menos si se trata de un personaje real. Si no, ese respeto no tiene por qué ser un obstáculo.

Exacto: con un personaje ficticio haces lo que quieras. En esas ambigüedades se juega ese proyecto extraño de escribir ficción sobre personas reales.

Escribir *Los nombres de Feliza* implicó una doble apropiación: no solo te metiste en la mente de una persona de otro género sexual, sino también de otras raíces culturales. Cuentas que Bursztyn se rebeló contra la comunidad judía en la que creció y que nunca reivindicó mucho esa identidad. Sin embargo, por momentos volvió a acercarse a sus raíces. Así mencionas el viaje que hizo a Israel en 1967, en plena Guerra de los Seis Días. ¿Por qué no indagaste mucho en ese episodio?

Pensé que abrir esa puerta iba a desordenar la estructura de la novela. Además, hubiera sido una imposición de un interés mío que la propia Feliza no había manifestado tanto. No dejó una gran reflexión sobre el judaísmo. En alguna entrevista defendió el derecho del Estado de Israel a existir y a defenderse, pero también condenó los excesos de la violencia. Sin embargo, en mis conversaciones con las personas que compartieron esa época con ella me pareció comprender que no fue un elemento central de su vida, como sí lo era para sus padres, que llegaron a ser personas influyentes de la comunidad judía de Colombia. Trataron activamente de ayudar a conocidos y familiares para que vinieran desde la Europa en llamas de la Segunda Guerra Mundial. Y esto, como lo sabes por *Los informantes*, ocurrió en un país que durante muchos años tuvo gobiernos con unas preocupantes tendencias antisemitas, o por lo menos insolidarias.

Imagino que abrir esa puerta era delicado, no solo porque tú no perteneces a la comunidad judía, sino también por los tiempos tensos que estamos viviendo.

Desde luego, escribí la novela durante los horrores de la guerra en Gaza, y un gran reto para mí era no permitir que eso entrara en mi ficción. Mientras escribía la novela por las mañanas, por la tarde estaba firmando manifiestos condenando la violencia excesiva contra el pueblo palestino, y por ese tiempo escribí una columna condenando el ataque de Hamás. Era un momento terriblemente tenso, de muchos desacuerdos, de mucha frustración al ver la impotencia de los Estados occidentales para evitar la masacre de la guerra.

Pero lograste evitar la interferencia entre las dos facetas de tu trabajo: la novela, por un lado, y las columnas de opinión, por el otro.
Eso es esencial. Tú sabes que forma parte de mis mandamientos como novelista. Una cosa son las novelas y otra el periodismo. Una cosa es el novelista y otra el escritor como intelectual público. En el momento en que se confunden esas dos facetas, todo se va al diablo. Me parece además una falta de respeto con el arte de la novela utilizar una ficción para decir cosas que no le pertenecen.

La figura de Bursztyn también te permitió pintar un retrato fascinante del desarrollo de la escena cultural y artística bogotana y colombiana, desde los años cincuenta hasta principios de los ochenta.
Me interesó en particular la reconstrucción de ese momento de los años cincuenta, que es de una efervescencia cultural impresionante. Es la conjunción en un mismo lugar, y en muy pocos años, de una cantidad de talento brutal. Es decir, de repente empiezan a publicar libros en Colombia Gabriel García Márquez y Álvaro Cepeda Samudio, a pintar sus cuadros Alejandro Obregón y Fernando Botero...

Y en el teatro estaba Fausto Cabrera...
Sí, y Santiago García. También estaba el poeta Jorge Gaitán Durán, que junto con dos cómplices esenciales, Hernando Valencia Goelkel y Eduardo Cote Lamus, inventa la revista *Mito*, una publicación que realmente transformó la cultura colombiana. Todo eso pasa en un espacio de seis o siete años. Esta coincidencia siempre me ha parecido fascinante y responde —tengo mi teoría— al conflicto. Una sociedad convulsa produce arte porque es la manera que tiene de defenderse, de ventilar frustraciones, de hacer ciertas preguntas. Colombia estaba saliendo de La Violencia y América Latina estaba entrando en la Revolución cubana, de manera que eran años de tensiones, y se producían obras de arte para tratar de sobrevivir a todo eso.

Hablemos un poco más de la presencia de García Márquez en *Los nombres de Feliza*. Aparece de varias maneras: con su columna sobre la muerte de Bursztyn, como personaje amigo de la escultora y mediante una serie de referencias a *Crónica de una muerte anunciada*. Esta novela se publicó en 1981, que no solo fue el año del exilio de García Márquez y Bursztyn, sino también el que precedió a la muerte de esta última. Al igual que lo hace García Márquez en

Crónica de una muerte anunciada con el día de la muerte de Santiago Nasar, en *Los nombres de Feliza* conviertes el último día de Bursztyn en el centro de gravedad de la novela. ¿El clásico de García Márquez influyó en esa decisión?

Aunque me gustaría que *Crónica de una muerte anunciada* hubiera inspirado esa estructura, no fue así. *Los nombres de Feliza* parecía exigir ese triple momento: contar la novela a partir de mi presente parisino, la reconstrucción del último día de Feliza y la reconstrucción de los episodios importantes de su vida que, de alguna manera, llevan a ese último momento. Pero a partir de cierto punto de la escritura sí noté ese eco maravilloso que se establecía con el libro de García Márquez, que acababa de aparecer en 1981 y que además fue parte de la conversación sobre su exilio, porque se le acusó de fabricar su expatriación como estrategia de marketing para vender más libros, lo cual fue muy doloroso para él. Y luego hay otro eco que también es involuntario, pero que se presta para muchas interpretaciones: el parecido de las estructuras. Son dos libros que comienzan revelando, en la primera página, la muerte de sus protagonistas, y se echan sobre los hombros la misión de mantener el interés del lector a pesar de haber revelado el desenlace.

Como una tragedia griega.

Exactamente. Veo la vida de Feliza casi como una tragedia griega en ese sentido: la conspiración de las causas y los azares que la fueron encerrando a lo largo de sus días hasta condenarla a esa muerte prematura. Pero no era como si llevara dentro de sí lo que los franceses llaman la "falla trágica", ese rasgo de nuestra personalidad que va lentamente arrastrándonos a un desenlace amargo. Más bien eran las fuerzas externas de la historia las que la condujeron a su destino.

Me gustó mucho tu relato de la amistad entre Bursztyn y García Márquez, la manera como sus destinos vuelven a cruzarse en ese periodo fatídico entre 1981 y 1982. Qué época tan intensa, ¿no? Para Bursztyn, desde luego, pero también para García Márquez: en la primavera de 1981 se exilia en México y publica *Crónica de una muerte anunciada* con ese tiraje enorme; en el verano acoge a Bursztyn, ella también recién exiliada, en su casa de CDMX; medio año después, en los primeros días de 1982, en París, es testigo de la muerte de Bursztyn, y finalmente —eso no lo cuentas en la novela, pero lo sabemos los lectores— en ese mismo 1982 termina ganando el Premio Nobel.

La entrada de García Márquez en la novela implicó un reto, porque se trataba de deconstruir su imagen pública en Colombia, que es la de una figura totémica de la literatura, de un Premio Nobel. Yo quería que lo leyéramos como un amigo de Feliza, un compañero de su cotidianidad. Llegué un poco al extremo de buscar todas las fotos de él de esa época para fijarme en sus botines de cuero, el color de sus calcetines, todo como medio para convertirlo en una figura más pedestre. Es decir, presentarlo como un ser humano, no como una leyenda de la literatura en lengua española. Todo eso había que desarmarlo mediante técnicas que obligaran al lector a verlo como un hombre de carne y hueso, como un compinche más que intenta ayudar a una persona que quiere.

Los nombres de Feliza se publicó en Colombia en diciembre de 2024, al final de un año de celebraciones garciamarquianas: la conmemoración del décimo aniversario de su muerte, el lanzamiento mundial de su novela póstuma *En agosto nos vemos*, el estreno de la serie en Netflix de *Cien años de soledad*. Y en medio de todos esos homenajes vienes tú a recordar cómo lo trataron sus compatriotas a principios de los años ochenta...
Ahora la relación del país con García Márquez está llena de mariposas amarillas y emociones positivas, pero a mí me interesó recordar el maltrato que sufrió a manos de Colombia, de su gobierno y de los colombianos, que fueron en muchos casos cómplices, al menos por vía pasiva, de su persecución y expulsión.

Hablemos, ahora sí, del vínculo entre *Volver la vista atrás* y *Los nombres de Feliza*. Las dos novelas son interpretaciones de vidas reales, y como tal presentan varios paralelos. Sin embargo, veo también muchas diferencias. La más importante es, quizás, que en el caso de Sergio Cabrera estabas tratando con una persona viva, y en el de Bursztyn con alguien que llevaba unos cuarenta años muerta. Seguramente, escribir sobre una mujer muerta desde hace tantos años conllevó muchos inconvenientes, ¿pero tuvo también ventajas?
Mientras escribía el libro tenía siempre muy presente ese pasaje de *En busca del tiempo perdido* en el que Marcel sostiene una conversación con Françoise, la mujer que trabaja para la familia del narrador. Françoise desprecia a los personajes de ficción porque no son reales, y Marcel dice que el problema es que a una persona real la conocemos a través de los sentidos, y por lo tanto siempre tiene algo opaco: no la podemos ver por dentro. En cambio,

dice Marcel, a un personaje de ficción lo conocemos con el alma, y por eso lo podemos conocer mejor, incluso en sus aspectos invisibles, escondidos, secretos. Creo que el hecho de que Feliza no esté con nosotros, al contrario que Sergio Cabrera, me daba la posibilidad de conocerla como si fuera un personaje de ficción, de interpretarla a través del retrato y la memoria de los otros, y finalmente de mi imaginación. Todo eso era un tipo de conocimiento que me abrió espacios para mi propia interpretación de su vida interior, lo cual tiene muchos riesgos, pero también es muy beneficioso. Me permitía tratarla de una manera que no era esencialmente distinta de la manera en que Virginia Woolf hubiera tratado a la señora Dalloway.

Esa era, precisamente, mi impresión, comparando las dos novelas: que en *Los nombres de Feliza* te atreviste a manejar el material real con más libertad, a dar rienda suelta a tu imaginación para interpretar a la persona real. Es también lo que reivindicas en la frase final: «Nada me impide hacerlo».
Nadie se ha fijado en eso hasta ahora, y es muy importante para mí. Esa frase entre guiones era una vindicación, era parte de la puesta en escena del acto de imaginar a otra persona.

Otra manera de permitir que la ficción entre a la novela real son los cameos de personajes ficticios de otras novelas tuyas. De repente aparecen Sara Guterman, de *Los informantes*, y Javier Mallarino, de *Las reputaciones*.
Esto nunca ocurrió en *Volver la vista atrás*. Es un salto que hay en esta novela, que invita al lector a que la lea como ficción mediante diversos mecanismos, y uno de ellos es la inclusión de personajes de ficciones previas. También el reportero que entrevista varias veces a Feliza es ficticio. Son conversaciones ficticias.

¿En serio? Qué bueno. Yo me las creía al pie de la letra.
Son ficticias, pero son muy precisas desde el punto de vista de la reproducción de su temperamento y sus actitudes.

Y de su voz, también.
Sí, son producto de una investigación muy rigurosa. Leí casi todas las muchísimas entrevistas que Feliza dio. En cada una de mis entrevistas ficticias hay dos respuestas suyas que sí dio en alguna entrevista real y que yo he recuperado.

Parece que desde *La forma de las ruinas*, con sus episodios abiertamente autobiográficos, poco a poco tu interés se ha ido dirigiendo a las historias reales. En *Volver la vista atrás* y *Los nombres de Feliza*, la realidad, al menos en lo que se refiere al material, ha terminado por imponerse a la ficción. ¿A qué se debe esa evolución?

Yo también me lo pregunto. Quizás esto se debe a una conciencia cada vez más intensa de lo que la novela se puede permitir en un mundo que tiene una relación muy extraña con la diferencia entre verdad y mentira. Vivimos en un mundo donde esa diferencia forma parte de nuestras conversaciones, porque estamos conscientes de la guerra que desde ciertas esquinas políticas se le ha declarado a la idea de verdad compartida u objetiva. La idea de verdad parece ser el enemigo público número uno para algunos de nuestros partidos políticos, que ahora, en una gran conspiración con las nuevas tecnologías, parecen empeñados en destruir la posibilidad misma de que algo pueda ser comprobable. En medio de este panorama que desde 2016 llamamos, en parte, «posverdad» —aunque es un vocablo que ya se nos ha quedado pequeño, necesitamos otra manera de nombrar lo que está sucediendo—, yo creo que la novela pide ciertos ajustes también. Mis novelas reflejan eso, una cierta ansiedad por la manera como la ficción puede constituirse cada vez más en el lugar donde estamos en contacto con cierta verdad, que no es fáctica, sino moral y humana, pero que nos defiende de la destrucción de nuestra noción de realidad común. Por otra parte, también responde a mi defensa de un cierto modelo de conocimiento que empezó con el humanismo y el *Lazarillo de Tormes*, que es la idea de utilizar el lenguaje de la ficción para meterte en la conciencia de otro y contar el mundo desde la identidad de otro. Nuestra conversación presente está atacando esto, tildándolo de apropiación cultural, y cree que ese ataque es nuevo. Pero no es nuevo: viene desde Platón esa desconfianza en la ficción que habita el lugar de otro. Mis novelas tratan de defender ese derecho.

Sin embargo, después de trabajar tanto con material real, ¿no tienes ganas de volver a la ficción pura?

Tú sabes que no trabajo mucho de manera programática, pero al mismo tiempo sí convivo mucho con mis novelas antes de sentarme a escribirlas. En este momento tengo proyectos que nacieron hace siete, ocho o diez años, y alguno de ellos gira alrededor de un personaje real, pero otros son ficciones *ficciones*. Ahora me siento especialmente atraído por esos proyectos de ficción, básicamente porque cada libro que escribo es en algún sentido una revuelta contra el anterior. Solamente por razones de temperamento creo que la novela siguiente va a ser muy distinta de *Los nombres de Feliza*.

Agradecimientos

Forman la base de este libro ocho extensas conversaciones que mantuvimos Juan Gabriel Vásquez y yo entre marzo de 2010 y enero de 2025. La mayoría fueron conversaciones privadas, pero las dos primeras fueron públicas. Quiero agradecer tanto a las instancias que abrieron sus puertas para esos encuentros públicos como a las revistas que abrieron sus páginas para publicar versiones previas de algunas partes de este libro. Son: ALEPH (el antiguo Grupo interuniversitario de estudios latinoamericanos en Bélgica), *Ciberletras*, *Confluencia*, *Cuadernos Hispanoamericanos*, el Instituto Cervantes de Bruselas y *Letras Libres*. Un agradecimiento especial va para Martín Gómez, cuya mediación fue imprescindible para que este libro encontrara la casa acogedora que es La Vorágine, y para el equipo del colectivo, en particular para Paco Gómez Nadal. Entre las otras personas que me ayudaron, de manera consciente o no, a escribir o publicar este libro, quiero destacar a Lieve Behiels, Diana Castro Benetti, Rita De Maeseneer, Habacuc Antonio De Rosario, Santiago Erazo, Ilse Logie, Pablo Montoya, Sandra Olguin Pelayo, Mauricio Ramírez Carmona y Kristine Vanden Berghe. Pero mi gratitud principal, como no puede ser de otra manera, se dirige a Juan Gabriel Vásquez, por haber compartido, a lo largo de tantos años, sus palabras y pensamientos, su mente y memoria.

J.V.
Amberes, abril de 2025